人工智能重大应用场景丛书

丛书主编　薛澜

人工智能
+
金融

Artificial Intelligence plus Finance

鲁俊群　陶海青　编著

中国发展出版社
CHINA DEVELOPMENT PRESS

图书在版编目（CIP）数据

人工智能 + 金融 / 鲁俊群，陶海青编著． -- 北京：中国发展出版社，2025．7（2026．1 重印）．--（人工智能重大应用场景丛书 / 薛澜主编）．-- ISBN 978-7-5177-1489-7

Ⅰ．F83-39

中国国家版本馆 CIP 数据核字第 2025XY9508 号

书　　名：人工智能+金融
著作责任者：鲁俊群　陶海青
责 任 编 辑：王海燕
出 版 发 行：中国发展出版社
联 系 地 址：北京经济技术开发区荣华中路22号亦城财富中心1号楼8层（100176）
标 准 书 号：ISBN 978-7-5177-1489-7
经　销　者：各地新华书店
印　刷　者：北京富资园科技发展有限公司
开　　本：710mm × 1000mm　1/16
印　　张：9.5
字　　数：180千字
版　　次：2025 年 7 月第 1 版
印　　次：2026 年 1 月第 3 次印刷
定　　价：68.00元

联 系 电 话：（010）68990635　68990625
购 书 热 线：（010）68990682　68990686
网 络 订 购：http://zgfzcbs. tmall. com
网 购 电 话：（010）88333349　68990639
本 社 网 址：http://www.develpress. com
电 子 邮 件：187182397@qq.com

联合编写单位

清华大学人工智能国际治理研究院
人工智能治理研究中心（清华大学）
清华大学中国科技政策研究中心
清华大学科技发展与治理研究中心
中国投融资担保股份有限公司
中国移动通信集团有限公司
杭州市萧山区之江智慧场景研究中心
杭州市石虎山机器人概念验证中心

总序

PREFACE

自2022年底ChatGPT横空出世以来，人工智能技术发展进入快车道，推动人类文明迈入新阶段。然而，科学技术是一把“双刃剑”，它既为增进人类福祉提供了无限可能，又给人类文明带来了严峻挑战。如何推动技术的高水平安全应用，使人工智能大模型加快落地，实现科技创新和产业创新互融互促，是当前需要解决的关键问题。

我国高度重视人工智能的发展和应用。习近平总书记强调，人工智能是引领这一轮科技革命和产业变革的战略性技术，具有溢出带动性很强的“头雁”效应。我们要深入把握新一代人工智能发展的特点，加强人工智能和产业发展融合，为高质量发展提供新动能。要加强人工智能同保障和改善民生的结合，从保障和改善民生、为人民创造美好生活的需要出发，推动人工智能在人们日常工作、学习、生活中的深度运用，创造更加智能的工作方式和生活方式。① 2024年政府工作报告提出，深化大数据、人工智能等研发应用，开展“人工智能+”行动。在地方层面，各地发布新政，挖掘人工智能应用潜能。北京市于2024年7月26日发布了《北京市推动“人工智能+”行动计划（2024—2025年）》，提出围绕机器人、教育、医疗、文化、交通等五大领域打造标杆应用，率先建设AI原生城市，推动北京市成为具有全球影响力的人工智能创新策源地和应用高地。2024年7月30日，深圳市发布了《深圳市加快打造人工智能先锋城市行动方案》，提出深化全域全时全场景应用，打造场景应用先锋。

人工智能作为重要的前沿引领技术和颠覆性技术，其发展会为经济社会带来巨大收益②。一方面，人工智能可以给相关核心产业带来巨大的经济价值。人工智能复杂的产业链环节和极高的技术附加值赋予了相关核心产业巨大的市场前景。以中国为例，根

---

① 《习近平在中共中央政治局第九次集体学习时强调 加强领导做好规划明确任务夯实基础 推动我国新一代人工智能健康发展》，《人民日报》2018年11月1日。

② 以下内容部分节选自薛澜、王净宇：《人工智能发展的前沿趋势、治理挑战与应对策略》，《行政管理改革》2024年第8期。

据工业和信息化部统计，截至2023年，中国人工智能核心产业规模已经突破5000亿元，企业数量超过4500家。按照国务院《新一代人工智能发展规划》中的战略目标，到2030年，我国人工智能核心产业规模将超过1万亿元，带动相关产业规模超过10万亿元。在可见的将来，人工智能核心产业将在国民经济中扮演越来越重要的角色。另一方面，人工智能可以通过赋能千行万业催生新产业、新模式、新动能，助力解决可持续发展等人类共同面临的重要问题。根据《自然》杂志有关论文测算，在联合国提出的17个可持续发展目标的169个细分项目中，人工智能可以对其中的134个产生积极作用，占比达到79%[①]。中国在《全球人工智能治理倡议》中提出积极支持以人工智能助力可持续发展，应对气候变化、生物多样性保护等全球性挑战，充分阐释了人工智能协助人类推动可持续发展的巨大潜力。

由于人工智能技术具有巨大的影响力和外部性，其在带来发展收益的同时，也会带来不容忽视的安全风险。

第一，人工智能技术本身可能产生技术幻觉、算法歧视甚至技术失控等内生风险。在人工智能的智能化水平较低的阶段，我们只要“拔掉插销”就可以阻止其风险；但是随着人工智能技术进步，当其智能化水平达到一定程度时，有可能表现出伪装的倾向。当其对脱离人类控制具有很高的把握时，人工智能系统很可能展现出“硬币的另外一面”，而此时再“拔掉插销”恐怕已难以起到作用。第二，人工智能技术的大规模普及可能产生误用、滥用、恶用等应用风险。人工智能作为一种重要的通用性、基础性工具，一旦遭到误用、滥用，极有可能造成数据泄露、深度伪造、恐怖主义、技术军事化等风险。第三，人工智能技术变革的颠覆性影响引发劳动力结构调整、社会不平等加剧等经济社会风险。人工智能不同于以往历次科技革命和产业变革中的技术创新，其发展不仅可以

① Vinuesa R, Azizpour H, Leite I, et al. “The Role of Artificial Intelligence in Achieving the Sustainable Development Goals”, *Nature Communications*, 2020, 11(1): 233.

拓展人类的生产能力、取代简单重复的常规工作，还可通过学习执行更多认知性工作，在一定程度上超越作为人类改造世界的工具和手段的范畴，具有以全新方式替代人类劳动的潜质。

综合人工智能发展的前沿趋势及其产生的收益和风险来看，目前人工智能治理主要存在以下难点与挑战。一是技术发展和技术治理不同步。在人工智能基础研发、产业应用共同加速的背景下，人工智能的发展同时具有快速迭代和不可预测的特征，对治理系统与技术系统的同步演进提出了巨大挑战。一方面，人工智能技术的迭代速度超出人类预期，现有治理系统的演进速度难以追上技术系统发展的步伐。另一方面，人工智能技术的智能涌现具有不可预测性，治理系统很难准确预判人工智能的发展及其复杂的经济社会影响。二是监管者和被监管者信息不对称。当前技术创新和产业应用的联系空前紧密，产业界已经成为推动人工智能发展的主要力量。然而，监管者很难准确掌握技术发展的实时动态，被监管者很难明确监管者的治理目标，监管者和被监管者之间不断扩大的信息盲区构成了人工智能治理的又一难点。三是风险防范成本和效益不对等。人工智能的通用性和易得性使其潜在风险几乎无处不在，极大增加了风险防范的社会成本。全面防范人工智能带来的安全风险需要耗费大量的公共资源，甚至以部分牺牲人工智能发展为代价。如何在高昂的风险防范成本、巨大的潜在风险损失、不断增大的风险概率之间权衡，是监管者必须面对的重要考验。四是机制复合体治理不协调。人工智能治理是一个涉及法律法规、行业标准、国际协调的复杂系统，需要不同国家、国际组织、相关企业的共同参与。然而不同主体在治理理念、关注议题、治理偏好、治理能力上存在差异，导致人工智能国际治理呈现出嵌套、重叠、平行的碎片化局面，存在合理性、公平性、有效性等一系列治理赤字。如何协调相互重叠、不同层次、不同诉求的参与主体，建立受到广泛认可的人工智能全球治理机制复合体，也是人工智能治理面临的重要挑战。五是地缘政治环境不稳定。人工智能作为颠覆性的前沿技术，是大国博弈的关键领域。大国战略竞争加剧地缘政治复杂性，部分国家甚至以意识形态划线或构建排他性集团，恶意阻挠他国人工智能发展，利用技术垄断和单边强制措施制造发展壁垒，恶意阻断全球人工智能供应链，不但阻碍全球人工智能发展，对人工智能治理也产生了负面影响。

面对人工智能带来的挑战，我国的人工智能治理机制不断完善，具有多元主体、多维共治、多种工具、敏捷协同特征的中国特色人工智能治理体系初见雏形。在当前治理机制的基础上，我国应进一步完善人工智能治理体系、建立人工智能安全监管制度，以更好应对人工智能快速发展带来的风险挑战。

第一，加大人工智能安全领域的研发投入，加快人工智能安全治理能力建设。为了确保人工智能系统安全、可靠、可控，要对人工智能模型进行严格的能力评估、对齐训练和红线测试，并对各类潜在风险进行及时的评估、追踪、识别、防范和响应，这些工作都需要大量的技术储备和研发投入。目前，产业界和学术界过多关注提高人工智能系统能力的科技创新，对于人工智能安全和治理领域的研究相对不足。针对这一现象，包括图灵奖得主姚期智等、诺贝尔奖得主丹尼尔·卡尼曼及清华大学文科资深教授薛澜等学者在《科学》杂志联名发声，呼吁至少将研发预算的1/3投入人工智能安全研究①。中国可以在建立未来产业投入增长机制的过程中，通过提高研发费用加计扣除比例等方式，鼓励和要求大型科技公司在生成式人工智能等前沿人工智能技术开发中围绕风险防范问题提高研发投入；在建立科技发展、国家战略需求牵引的学科设置调整机制和人才培养模式中重点加强人工智能安全和治理领域的人才培养，为人工智能安全监管和稳定发展提供人力基础。

第二，建立审慎包容、分级分类的人工智能安全监管制度，通过敏捷治理摆脱治理困境。鉴于人工智能的发展趋势和技术特性，当下很难确定其演变、用途、风险、回报，因而难以提前明确监管对象和监管内容，相关治理只能在监管互动中前行。在此

---

① Bengio Y, Hinton G, Yao A, et al. “Managing Extreme AI Risks Amid Rapid Progress”, *Science*, 2024,384(6698), 842–845.

过程中，政府监管部门可以采用敏捷治理的基本理念，推动人工智能技术发展的利益相关方形成持续性的共同学习和探索机制，根据前沿人工智能发展及其带来的收益风险及时调整治理对象和内容，采用分级分类、监管沙盒等方式，通过治理结构、治理策略、治理工具的灵活创新应对人工智能治理和监管的挑战。

第三，重视企业科技创新主体地位，鼓励行业和企业层面的自我规制。面对人工智能技术的快速迭代，一方面，政府部门可以通过制定随模型能力变强而更加严格的安全标准、要求企业对人工智能系统造成的可预防伤害承担责任等措施加强外部规制；另一方面，产业界作为当前人工智能科技创新最重要的推动力量，需要在人工智能的治理和监管框架中发挥重要作用。政府部门可以在外部监督的基础上，激励引导行业组织和经营主体发挥自律作用，通过行业标准、企业规范等被监管者内部的自我规制解决人工智能领域日益突出的发展治理同步性问题和外部规制信息不对称问题。

第四，依托多边平台，参与、引领人工智能全球治理。人工智能治理具有极强的外部性，攸关全人类命运，是世界各国亟须共同应对的重要挑战，积极参与人工智能全球治理是中国引导人工智能健康有序发展的基础和前提。面对协调机制复合体的治理难题，中国可以重点选择在联合国框架内加强人工智能治理协作和标准塑造，以能力建设为抓手推动构建开放、公正、有效、具有广泛共识的人工智能治理框架和标准规范。

第五，完善双边对话机制，加强与主要人工智能大国的政策沟通。引领全球人工智能发展和治理的主要大国的竞合关系不仅事关双边关系大局，还会对全球人工智能治理成效甚至人类命运产生重要影响。面对大国竞争等地缘政治因素干扰，中国可以基于中美元首旧金山会晤共识，在保持中美政府间人工智能对话的同时，积极推动中美科学界、产业界之间的二轨对话，围绕设置安全红线、防范极端风险、推进全球治理等双方共同关切的问题加强对话、管控分歧、拓展合作，努力在大国战略竞争的背景下实现人工智能发展和治理领域的大国协调。

清华大学人工智能国际治理研究院（以下简称“研究院”），依托清华大学在人工智能与国际治理方面的积累和跨学科优势，面向人工智能国际治理重大理论问题及政策需求开展研究，致力于发挥全球学术影响力和政策引领作用，为中国积极参与人工智能国际治理提供智力支撑。研究院自成立以来，主动肩负社会责任，承担了国家“科技创新 2030—重大项目”等，发布了一系列研究报告，向国家有关部门提交了一批政策建议，连续主办的人工智能合作与治理国际论坛已成为该领域的重要平台，取得了可喜的研究成果。

为响应“人工智能 +”行动，推动人工智能高效赋能千行百业，2024 年 6 月，研究院着手组织牵头“人工智能重大应用场景丛书”研究和编写工作；2024 年 7 月 4 日，在研究院承办的“2024 世界人工智能大会·人工智能前沿技术的治理挑战与应对论坛”上，研究院联合中国发展出版社、中国移动集团、中国投融资担保股份有限公司、中国电信研究院、阿里巴巴集团、华信永道、华为战略研究院、之江智慧场景研究中心等机构，正式启动了中国人工智能重大应用场景白皮书研究暨“智能向善”全球伙伴计划。“人工智能重大应用场景丛书”选取金融、教育、政务、医疗、交通、物流、制造、文旅、能源、农业等 10 余个典型场景，面向全社会公开征集案例，遵循“权威性、实用性、创新性、代表性”的原则对案例进行严格筛选，形成集理论与实践于一体的系列丛书，为实现人工智能“善治”与“善用”提供工具性参考。

凡益之道，与时偕行。我们愿与各界同人进一步加强交流，深化合作，共同推动人工智能的健康发展，共同维护人工智能的安全，赋能人类共同的未来！

薛澜

清华大学文科资深教授

清华大学苏世民书院院长

清华大学人工智能国际治理研究院院长

2025 年 6 月

前言 FOREWORD

人工智能的发展对人类生产、生活方式及消费习惯产生了重大影响，人工智能技术已经成为科技、经济、社会的基础性技术。金融行业对前沿技术非常敏感，一直是人工智能等各类先进科技率先实践与应用的重要领域之一，而且应用类型非常丰富、应用层次正快速渗透。当前，得益于算力提高、算法进步、大数据积累、投入增加、跨界融合以及应用场景拓展等多重因素的共同作用，新一代人工智能及其相关技术日趋成熟，人工智能与金融行业的结合日益紧密，这一趋势正加速推动金融行业的重大创新。

本书包括理论框架篇与典型案例篇。其中，上篇理论框架共6章，主要介绍了“人工智能+金融”发展历程、面临的挑战和发展价值、具体应用场景和新业务场景、基本技术架构和相关技术的发展趋势、金融数据要素、业务组织情况和产业生态以及相关的推广思路与政策建议。下篇典型案例主要分享了10个“人工智能+金融”的经典案例，案例重点展示项目概况、主要技术架构、亮点和特点、业务介绍、数据要素分析、案例适用场景及其组织和建议等方面内容。

本书以数字化转型为背景，剖析当前“人工智能+金融”领域发展情况，分享相关技术和典型应用场景，希望可以促进人工智能与金融应用场景高效结合，加快人工智能技术在金融领域的成果转化、推动“人工智能+金融”市场开拓，实现我国人工智能和金融行业的高质量协同发展。

按照“人工智能重大应用场景丛书”作为人工智能应用的工具书定位，本书课题组从多个角度、采用多种方法力求使本书成为人工智能及“人工智能+”领域相关决策者、工作者和爱好者的有益读物。

第一，调研大量不同类型代表性案例，从整体画像、技术架构、业务逻辑等方面进行梳理、分析，然后规划本书的框架。

第二，采用线上公开征集、主流渠道推荐案例和参与作者的做法，让尽可能多的专家参与到研究、编辑工作中来。

第三，部分案例由提供单位的业务主管执笔，这说明人工智能日益融入金融业务。

第四，本课题组还参与了个别案例合作单位与人工智能相关的创新业务设计和推演会议，这有助于课题组的思维与本书的实用性保持一致。

同时，“人工智能 + 金融”横跨多个领域，我们首次创新性地采用宽视野、全链路的方法进行系统呈现，即从场景组成、技术及架构、数据要素、业务与产业生态、推广与建议 5 个维度描述“人工智能 + 金融”整体框架，将 10 个不同特色的案例从这 5 个维度进行剖析，确保本书具有更多的实操性和参考价值。

要实现上述目标是不容易的，幸运的是，有非常多的企业、机构、专家都积极参与本书的编写，确保相关工作一直按计划推进。例如：中投保既积极推荐许多经典案例，又组织团队进行多个场景研究，并对相关方案进行探讨设计；中国移动、蚂蚁集团一直高要求、多次修改和完善稿件；东方财富的自研大模型直接支持主营业务开展，并与课题组进一步探讨如何推动本丛书的延伸应用；中金公司和国投证券则是由企业业务主管亲自组织研究和撰写，生动展现了人工智能与业务结合的势头。浙江大学吴飞教授团队等对本书人工智能技术问题的指导和把关确保了人工智能技术的专业性。衷心感谢参与过交流但未能入选本书案例的一些金融机构。清华大学人工智能国际治理研究院鲁俊群秘书长组织了大量对接、协调和指导工作，使各项工作有了重要保障。

本书由清华大学人工智能国际治理研究院牵头和协调，由杭州市萧山区之江智慧场景研究中心负责具体策划和执行。

陶海青、何李宜、胡弦、王佳琪等共同完成本书的框架部分，相关案例作者如下：

1. 中投保线上场景化大数据风控模型创新赋能普惠金融，胡弦、王莹、刘爽。

2. 江苏银行大语言模型服务平台赋能办公业务场景提质增效，

梁斌、王钢、殷兆宇。

3. 国投证券智能技术在投行业务审核中的应用，朱帅、刘广超。

4. 东方财富妙想金融大模型赋能金融科技全场景，郑烨婕、刘志毅、张恺。

5. 蚂蚁凤凰大模型打造客户端蚂小财和金融专家端支小助，李楠、朱海勇、何李宜。

6. 中金公司点睛大模型智能问答平台，姚泽宇、刘瀚月、徐宇。

7. 中国移动金融风控大模型打造金融风控全场景多功能的行业大模型风控能力，张峰、高丽、江为强、陈明。

8. 智慧防诈——“羲和·防诈卫士”一站式全场景防诈服务，全力守好人民群众“钱袋子”，王晓晴、赵刚、许锡明、邱宝华。

9. 芯盾时代反洗钱系统助力金融机构业务安全，孙悦、郭伟怡、杜翔宇。

10. 360 安全大模型智能保障金融安全，蔡培峰、马琳、曹进。

本书的出版，希望为读者提供一个全面、创新且有代表性的视角，让读者理解和把握“人工智能＋金融”应用的当前热点与未来趋势，让本书成为政府管理部门、人工智能技术使用者与产业应用推动者的工具参考书，成为企业新技术应用与普及、市场推广和产品推介的方案支撑。

课题组诚挚地邀请每一位读者，无论是行业专家、政府官员、学者、从业者，还是对“人工智能＋金融”有浓厚兴趣的普通公众，与我们进行更深入的交流与探讨。您的见解、指正都是课题组不断学习与进步的重要源泉。同时，我们也期待大家分享在人工智能领域的实践经验、研究成果，通过学术交流、项目合作等方式，探索“人工智能＋金融”的新技术、新应用、新模式，共同推动行业进一步发展。

鲁俊群

清华大学人工智能国际治理研究院秘书长

2025 年 6 月

目录

CONTENTS

上篇 理论框架

第三章 “人工智能+金融”技术架构与发展趋势

第四章 “人工智能+金融”数据要素

第五章 “人工智能+金融”产业生态

第六章 “人工智能+金融”推广思路与政策建议

下篇 典型案例

第七章 金融机构内部优化

第八章 金融公司业务赋能

第九章 科技公司金融服务

上篇

理论框架

第一章 “人工智能 + 金融”概述

一、基本概念和发展脉络

（一）基本概念

随着人工智能的发展，金融领域涌现了许多与人工智能相关的新名词，成为金融行业不断转型升级的重要表现。例如，智慧金融：通过信息技术促使现代金融行业在组织结构、业务流程、业务开拓以及客户服务等方面得到全面提升[①]。金融科技：利用现代计算机通信、数据科学、网络和人工智能、物联网等技术，为金融交易和银行服务提供创新的解决方案[②]。AI 金融：不仅是技术的累加，也是针对不同业务场景需求，推出创新金融产品、经营模式、业务流程，以及推动金融业务高质量发展的一系列配套解决方案[③]。智能金融：2017 年印发的《新一代人工智能发展规划》中首次出现，以人工智能、大数据、云计算、区块链等高新科技为核心要素，全面赋能金融机构，使全社会都能获得平等、高效、专业的金融服务，实现金融服务的智能化、个性化以及定制化[④]。

2024 年政府工作报告首次提出“人工智能 +”，强调深化大数据、人工智能等研发应用，开展“人工智能 +”行动，打造具有国际竞争力的数字产

① 胡乃静：《上海的智慧金融及其发展探讨》，《上海金融学院学报》2011 年第 1 期。
② 孙涛：《金融科技技术创新分析及探索》，《金融科技时代》2024 年第 4 期。
③ 杨杰、刘颂：《AI+ 金融，技术上的深度融合》，《金融博览》2024 年第 5 期。
④ 王艳蕊：《智能金融对银行业带来的影响》，《全国流通经济》2018 年第 26 期。

业集群。结合国家发展改革委对“人工智能 +”的名词解释，本书认为，“人工智能 + 金融”是指人工智能技术与金融领域深度融合，构建金融新质生产力，激活金融全要素构成，支撑金融场景应用创新，赋能金融智能化转型升级，提高业务效率，激发创新活力，重塑金融产业生态，培育金融产业发展新动能，形成以人工智能为创新要素的金融产业发展新形态。

（二）发展脉络

“人工智能 + 金融”的发展过程是一个技术与政策双重驱动下的金融创新过程，它主要经历了从电子化、信息化到互联网金融，再到现在以人工智能技术为核心的金融数智化。

1. 电子化、信息化阶段

金融电子化、信息化始于 20 世纪 80 年代，利用 IT 技术升级金融机构的后台业务模式、业务流程和管理模式，实现集中风险控制、业务快速扩容以及无纸化办公等内部信息化改造，以提升金融机构内部效率。例如，1988 年经国务院批准成立了中国金融电子化公司，承担央行信息化建设任务[①]。这个阶段，金融机构开始设立 IT 部门，银行卡业务、ATM 机操作、证券交易等无纸化快速普及，金融服务与电子信息技术初步融合。

2. 互联网金融阶段

随着互联网技术的蓬勃发展，2008 年 PC 端金融网络门户开始兴起，新浪、搜狐、网易等传统门户财经频道日益成熟。中国人民银行等十部门发布了《关于促进互联网金融健康发展的指导意见》等一系列政策文件，并组织建立了国家级互联网金融行业自律组织，规范了互联网金融的发展。该阶段财经类手机端 App 大量涌现，中国新闻网数据显示，2013 年，百度应用中大智慧 App 和同花顺 App 的下载量均超过了 500 万次，东方财富 App 和腾讯自选股 App 的下载量均超过 10 万次，大智慧 App 和同花顺 App 的使用人数均超过千万。金融机构通过搭建在线业务平台，实现信息共享和业务融合。互联网技术对金融机构前端涉及资金的业务提供实时高效支持，在线支付、网

---

① 陈捷、李佳燚、谢欣阳:《金融科技与人工智能相关概念梳理及未来展望》,《北方金融》2017 年第 11 期。

络银行等新型金融模式的出现，丰富了金融服务的种类和形式。

3. 金融数智化阶段

近年来，随着人工智能、大数据、区块链等技术的快速发展，金融机构在智能营销、智能投顾等业务方面逐步实现数智化。2022 年 ChatGPT 出现，大模型与金融的结合赋能财富管理及金融科技行业。同年 3 月，彭博社发布金融大模型 BloombergGPT，开启了金融 AI 大模型的数字金融新时代，东方财富、同花顺、恒生电子引领金融科技前沿[①]，国内银行、保险、信托等也在不断探索人工智能在业务上的应用。金融机构积极利用现代科技成果改造或创新金融产品、经营模式和业务流程等，推动金融业务提质增效。当前，新质生产力广受关注，通过金融数智化驱动新的金融生态系统，探索金融强国建设和金融新质生产力发展已成为新的研究热点[②]。

二、应用概况

（一）行业领域

人工智能在金融领域的应用涉及风险管理、投资与财富管理、客户服务、金融科技、信贷与风控、合规与监管等多个方面，为金融机构带来了显著的变革和提升。随着技术的不断进步和应用场景的不断拓展，人工智能将在金融领域发挥更加重要的作用。

（二）相关技术

“人工智能 + 金融”相关技术涵盖机器学习、生物识别、深度学习、自然语言处理、大模型技术、计算金融等多个方面，整体上提高金融服务的效率、精准度和个性化水平。第一，机器学习被广泛应用于风险评估、欺诈检测、市场预测和投资策略制定等方面；第二，指纹识别、人脸识别、虹膜识别和指静脉识别是金融行业应用较为广泛的 4 项生物识别技术；第三，深度

① 东吴证券：《【AI 金融新纪元】系列报告（三）——赋能金融， AI 开启新时代》，2024 年。

② 陆岷峰：《金融强国与金融新质生产力：构建以数智化驱动的金融高质量发展新生态》，《中国流通经济》2024 年第 5 期。

学习在处理大规模、高维度的数据方面表现出色，如图像、文本和声音等；第四，自然语言处理技术被广泛应用于智能客服、文档分析、情感分析等方面；第五，大模型技术应用在金融风险管理、量化交易、个性化投资建议、金融欺诈检测和预防、情绪分析、市场预测等多个方面；第六，计算金融可以广泛应用于投资组合优化、风险管理、资产定价等方面。

（三）主要参与方

“人工智能 + 金融”主要参与方包括人工智能技术使用方、人工智能技术提供方、监管机构、第三方机构等（见表 1-1）。

表 1-1 “人工智能 + 金融”主要参与方

类别	参与机构
人工智能技术使用方	传统金融机构，如银行、证券、保险、担保等机构； 金融科技公司，如互联网科技公司、IT 信息服务商等
人工智能技术提供方	金融科技公司，如互联网科技公司、IT 信息服务商等； 人工智能相关企业，如芯片企业、算力企业、智能软硬件商等
监管机构	国家金融监督管理总局、证监会、国家网信办、中国证券投资基金业协会等
第三方机构	科研院所、智库、科技传媒、人工智能领域的学会和协会等

资料来源：作者根据公开资料整理。

1. 传统金融机构

传统金融机构包括银行、证券、保险、担保、基金等持有金融许可证的机构，在业务同质化和市场竞争加剧背景下亟须借助人工智能等手段实现降本增效、数字化转型、业务创新等目标。

2. 金融科技公司

金融科技公司包括金融机构通过自身力量建立并将技术应用于自身业务发展的金融科技子公司、为金融机构提供技术输出和服务的金融科技公司两大类。

3. 人工智能相关企业

与金融领域相关的人工智能企业包括芯片企业、算力企业、智能算法与模型研发企业、智能软硬件产品开发与销售企业、金融行业应用解决方案提供企业、数据服务与咨询企业等。

4. 监管机构

监管机构包括中国人民银行、国家金融监督管理总局、证监会、国家网信办、中国证券投资基金业协会以及各地方金融办等部门，规范和引导人工智能在金融行业的应用与发展。

5. 第三方机构

第三方机构包括人工智能金融相关领域市场股权投资公司、智库和研究机构、人工智能领域的科技传媒、人工智能领域的学会和协会等。

三、面临的挑战

（一）人工智能领域面临的挑战

人工智能技术在创新发展过程中，可能面临很多广泛和复杂的问题与挑战。随着“人工智能 +”行动的全面展开，更强调人工智能技术到产品的快速转化和在大规模场景中的快速应用。在此过程中，将面临以下主要挑战。

1. 技术迭代快，但商业化落地不足

得益于 GPU、TPU 等深度学习的硬件优化，人工智能计算能力大幅提升，互联网和物联网发展使得数据量呈爆炸式增长，深度学习、强化学习等算法不断创新，人工智能技术快速迭代。技术更新速度过快可能导致旧技术迅速淘汰；同时，快速迭代也可能导致新技术成熟度、稳定性和安全性不足，影响了落地效果，导致产生的商业价值比较有限。

2. 投入产出比低，应用推广较慢

人工智能技术在应用过程中需要针对具体场景进行定制化开发，成本高企增加了落地难度。我国大部分中小微企业不是通过自行研发，而是购买低门槛、低价格的智能服务；大企业在自行研发过程中，则会面临硬件设备、软件开发、人力资源等投资规模大、回报周期长的问题，这些都影响了人工智能技术的应用推广。

3. 市场需求碎片化，竞争更为激烈

不同行业、不同领域对人工智能技术的需求各异，这导致了人工智能市场需求的碎片化。应用场景也在不断细分，这要求人工智能企业投入更多力量进行定制化研发和创新，从而增加了市场的复杂性和碎片化程度，也加剧了市场竞争。企业难以确定最有效的标准解决方案，从而无法快速赢得市场。

（二）金融行业面临的挑战

我国经济整体由高速增长阶段转向高质量发展阶段，人们对金融产品的需求呈现明显的多样化特征，对金融服务精准化和高效化的需求日益增强，传统金融工具、产品、服务形式等已经不能满足社会需要①。同时，在人工智能等新技术快速进步的推动下，金融领域的创新不断加快。综合来看，金融行业将面临以下主要挑战。

1. 降本增效

新兴金融科技公司以其快速的创新速度和较低的运营成本挑战着传统金融机构的地位，为了在竞争中保持优势，传统金融机构也需要积极拥抱金融科技，通过技术创新来提升服务质量和效率，通过大数据、人工智能等技术优化风险管理、客户服务等业务环节，寻求降本增效的路径以应对潜在的经济压力。

2. 合规要求

金融机构需要采取一系列应对措施来确保合规经营，以确保自身的稳健经营和可持续发展。这要求金融机构加强内部合规管理、提高员工合规意识、加强风险管理和内部控制、积极应对监管检查等。同时，还需要与监管机构保持密切沟通，及时了解监管政策的变化和要求，以便及时调整自身的合规策略和措施。合规要求的提升，不仅是对金融机构的严格约束，也是维护金融稳定、促进公平竞争、保护消费者权益的重要手段。

3. 风险管理

在科学技术快速发展的当下，数据来源也更加多元化，这给金融风险管

① 查逸扬、宋雨馨:《我国智能金融发展的机遇、挑战和趋势》,《投资与创业》2022 年第 8 期。

理带来了一些全新的挑战。金融行业在应用人工智能的时候，势必会面临海量的数据收集和处理，安全风险也会随之增大，严重时会导致公众的隐私数据被泄露[①]。金融机构需要建立完善的风险管理体系，确保客户信息、资金安全以及有稳健回报，通过风险评估、监测和预警机制，加强风险管理，及时发现和应对潜在风险，降低因风险事件导致的损失。

4. 客户信任

当前金融机构开展业务面临的最大的挑战之一在于如何与客户建立信任机制。随着消费者行为的变化，客户对金融服务的需求更加个性化和多元化，金融机构需要不断创新产品和服务以满足客户需求，同时还要提供更加便捷、高效的线上服务。应用人工智能等技术后，市场和客户的认知度、接受度、信任度需要一个培育过程，提升客户体验、对客户深度洞察、做好风险适配以及提升客户投资收益与获得感是获得客户信任的重要抓手。

5. 组织协调

人工智能应用逐步深入金融机构，金融机构需要重新审视组织机制和业务规则，组织机制的设计必须更加灵活和适应变化，以更好地支持人工智能的融入[②]。此外，在引入人工智能后，金融机构内部面临着人机协作、部门协作中对责任的解释、分担和认定等问题的挑战，人工智能在决策和执行中的智能化可能使追溯和解释变得更为复杂。

四、发展价值

1. 提升企业商业价值

“人工智能 + 金融”的商业价值主要在于：① 通过自动化和智能化的金融服务能够显著降低金融人力成本。② 可以提升服务效率与个性化。通过大数据分析和机器学习技术，能够精准分析客户需求，提供个性化的金融产品和服务。③ 优化风险管理，识别潜在的信用风险、市场风险和操作风险，并提前预警，帮助金融机构降低损失。④ 创造新的商业模式，人工智能与金融

① 张博宇：《人工智能在金融风险管理领域的应用及挑战》，《市场观察》2020 年第 2 期。
② 易观智慧院：《中国人工智能产业应用发展图谱 2023》，2023 年。

的结合催生如区块链金融、数字货币等，为金融机构带来更多增长点。

2. 促进产业升级

“人工智能 + 金融”促进了金融科技的快速发展，推动了金融行业的数字化转型，金融机构通过技术创新，不断推出新的金融产品和服务，满足了市场的多元化需求，如智能支付、智能投顾等的普及推动了支付产业和资产管理行业的升级，为人工智能领域提供了良好的应用场景，优化提升人工智能产业应用能力，加速金融与人工智能的融合。同时，“人工智能 + 金融”能够更加精准地识别产业链上的小微企业，并为其提供便捷灵活的金融支持，也促进了产业链金融的健康发展。

3. 维护金融稳定

“人工智能 + 金融”通过提高风险管理能力、加强欺诈检测与预防、优化自动化交易与投资策略、促进数据驱动决策以及提升客户服务与体验等举措，为维护金融稳定作出了重要贡献。随着人工智能技术的广泛应用，金融机构也更关注数据安全、隐私保护和算法透明度等问题，以确保金融市场的安全和健康发展。

4. 提升国际影响力

人工智能与金融结合的成功经验，打造中国特色金融体系，为全球金融提供了可借鉴的中国方案。中国与世界各国分享经验和技术成果，共同推动全球金融行业的创新和发展，提升中国特色金融体系的国际影响力。中国金融市场的开放和国际化进程的加快，将吸引更多国际投资者和金融机构参与。中国发出更多的国际声音，将推动建立更加公正、合理的国际金融秩序，共同应对全球性金融风险和挑战。

第二章 “人工智能+金融”应用场景

一、金融领域概述

金融是一个广泛而复杂的领域，涵盖多个子领域和业务方向，主要包括以下几个方面。

①银行：涉及与存款、贷款、汇款和货币管理等相关的业务活动，还包括货币市场和外汇市场的交易，管理客户的财富和投资组合。

②证券：涉及股票、债券等证券的发行、交易和中介服务。包括证券交易所、证券公司、证券登记结算机构、证券业协会、证券监督管理机构等。

③保险：通过提供各种类型的保险产品，来分散和转移风险。保险公司是保险市场的主要参与者，负责设计保险产品、承保和理赔等业务。

④担保：经营融资性担保业务，为债务人提供担保，从而帮助债务人获得融资或其他形式的资金支持。

⑤投资管理：涉及为个人和企业管理资产，包括养老金管理、基金管理和资产管理等。

⑥信托：通过信托方式管理和运用资金，为客户提供财产管理、投资管理等信托服务。

⑦金融监管：旨在维护金融市场的稳定和安全，如中国人民银行、证监会等，负责制定和执行金融法规，监督金融机构的运营。

除了上述几个方面，还包括金融工程、风险管理等其他领域。随着人工智能等科技的发展，金融领域也在不断变革和创新，出现更多新兴分支领域和金融产品。

二、具体应用场景

人工智能在金融行业的应用按应用程度从低到高分为服务智能化、认知智能化和决策智能化 3 种类型。①服务智能化表现为利用智能技术和工具，代替人完成数据输入和事务处理等资源密集型重复性任务，降低人员出错率，使人力专注于更复杂和更有价值的工作。②认知智能化主要是利用人工智能进行金融分析和判断，辅助进行交易处理、合规审核等任务，有效发现合规性问题和金融风险问题，节约人力成本费用。③决策智能化是人工智能对金融领域影响的最终阶段，建立在服务智能化和认知智能化基础上，提出金融决策建议[①]。

金融应用场景按照是否与该金融机构外部客户或合作伙伴直接相关，可以分为内部场景和外部场景。一是金融机构内部业务应用场景，可以降本增效，释放人力资源进入高价值环节，主要涉及优化内部流程、提高效率、确保合规风险以及优化资产配置、风险管理和运营策略，提高决策的精准性。二是金融机构外部业务应用场景，与客户直接互动环节，可以有效激活数据要素，促进金融普惠，赋能场景创新，核心目标在于提升客户体验、个性化服务和市场拓展。具体应用场景如下（见图 2-1）：

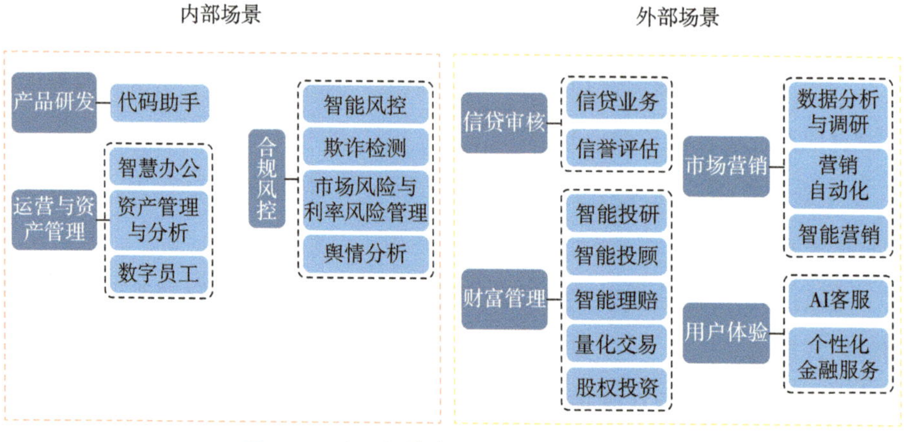

图 2-1　人工智能金融机构相关应用场景

资料来源：作者根据公开资料整理。

① 冯晓辉、王哲、李雅琪：《人工智能在金融领域的发展态势和应用展望》，《人工智能》2018 年第 5 期。

（一）内部场景

1. 产品研发

代码助手：为开发者提供代码补全、错误检查、代码格式化、性能优化、代码重构辅助等多种功能。

2. 运营与资产管理

①智慧办公：文档比对、知识助手、智能搜索、流水核查等模块有效提升工作效率，并保障金融机构内部办公智能化管理。

②资产管理与分析：对金融机构内部资产构成、管理流程、风险评估、优化配置等方面进行分析。

③数字员工：部署基于人工智能的数字员工，以执行一些重复性的工作任务，提高工作效率。

3. 合规风控

①智能风控：实时监测市场数据，识别潜在的风险因素，为金融机构提供风险预警和分析；监控交易行为，确保行为符合监管要求等。

②欺诈检测：欺诈检测工具可实时检测异常情况，可应用于银行交易和生物识别用户认证，检测洗钱和恐怖融资等。

③市场风险与利率风险管理：分析市场数据，预测市场波动和利率变动，帮助金融机构制定风险管理策略。

④舆情分析：舆情采集、舆情判断、情感提炼、负面预警、可视化呈现。

（二）外部场景

1. 信贷审核

①信贷业务：分析历史信用记录、财务状况、行为特征等数据，以更准确地评估信贷风险。

②信誉评估：生成信用评分，帮助准确预测用户的下一步行为，有助于快速提供金融服务。

2. 财富管理

①智能投研：自动完成从数据到投资与研究观点的输出，为投资者提供更加全面、准确和及时的投资分析服务。

②智能投顾：根据投资者的风险偏好、财务状况，分析市场趋势、历史数据、宏观经济指标等，为客户提供更加科学合理的投资策略。

③智能理赔：辅助保险销售、风险评估和理赔处理等。

④量化交易：自动识别交易信号、执行交易指令，提高交易的准确性和效率，减少人为因素的干扰。

⑤股权投资：帮助机构或投资者更全面地了解投资对象的经营状况、市场趋势和潜在风险，提供分析支持。

3. 市场营销

①数据分析与调研：处理海量的市场数据和客户反馈，完成市场调研任务，提高调研的效率和准确性。

②营销自动化：自动化地完成营销流程中的多个环节，如邮件发送、社交媒体更新、内容创作等。

③智能营销：根据客户的个性化需求，提供定制化的营销信息和产品或服务。

4. 用户体验

① AI 客服：提供 7 × 24 小时的客户服务，回答客户问题，提供账户信息和投资建议，降低人工客服成本并提高服务质量和响应速度。

②个性化金融服务：通过分析客户数据，金融机构能够提供更加个性化的金融产品和服务，提升客户满意度和忠诚度。

三、新业务场景

金融行业数字化转型起步早，行业整体数字化成熟度较高，具备人工智能深入应用的良好土壤，也是生成式人工智能、大模型率先实现行业落地的重点领域。人工智能赋能金融机构，不仅提升现有核心业务，同时也带来新生业务场景，进一步深化“人工智能 + 金融”应用创新。以下介绍部分典型的新业务场景。

1. 科创信用贷

科创企业往往因其初创性、成长性、风险性而让传统信贷业务望而却步。人工智能技术和大数据的结合，可以有效对政策信息、政务信息、工商信息、征信信息等各类数据进行采集、分析、处理，同时构建适用于科创企业的金融业务准入模型、额度模型，对初创期、成长期、成熟期的科创企业进行差异化评价，辅助防控信贷风险，为科创企业提供精准、便捷、高效的融资服务。

2. 金融数据资产运营

金融机构拥有海量、敏感的金融数据资产。通过数据盘点、数据治理、数据平台建设、数据服务化、数据价值挖掘等环节，从数据使用者的视角出发，全面评价数据应用效果，建立科学的正向反馈和闭环管理机制，促进数据资产的迭代和完善，不断适应和满足数据资产的应用和创新需求，提高数据价值并实现商业目标。

3. 移动支付与智能卡

随着移动支付的盛行，人工智能技术让支付体验变得更加智能化。支付平台推出智能卡功能，用户只需将手机靠近支付终端，即可轻松完成消费和转账。此外，谷歌的 Google Pay 运用机器学习技术，通过分析用户的消费习惯和偏好，为用户提供个性化的支付建议和优惠。

4. 金融机构安全运营

人工智能企业通过目标理解、逻辑推理、效果评估、知识记忆等功能，帮助金融机构连接、配置、驱动、协同各类安全工具产品，提供全球高级持续性威胁（APT）的告警研判、攻击链路绘制、威胁情报比对、受害者资产分析、攻击者归属分析、溯源、安全报告生成等功能，使金融机构安全运营效率最大化。

5. 大模型技术服务

大型传统金融机构和金融科技企业、互联网企业陆续推出金融垂直类大模型，奇富科技奇富 GPT、度小满轩辕大模型、腾讯云 TI-OCR、恒生电子 LightGPT、蚂蚁凤凰大模型、东方财富妙想金融大模型、同花顺 HithinkGPT 大模型等，都在重点推进金融垂直大模型研发应用。这些金融垂直类模型为各种场景提供支持，还可以通过数据服务、技术授权、平台运营等模式创造更大的商业价值。

全球金融机构也在不断探索“人工智能 + 金融”场景应用，部分场景应用情况见表 2–1。

表 2-1 国际“人工智能 + 金融”场景应用

机构	场景应用案例
摩根士丹利	与 OpenAI 合作，推出了人工智能知识助理工具，帮助财务顾问快速追踪摩根士丹利的研究信息；推出的新工具 AI @ Morgan Stanley Debrief 可以总结视频会议，并根据视频生成后续电子邮件草稿
CASHOFF	提供多银行数据聚合、大数据预测分析，帮助银行增加客户参与度。与 CASHOFF 合作的银行的手机银行界面，显示了客户在各家银行的账户情况，还可以添加其他超市、百货商场、牙科诊所等的会员卡、忠诚度卡，通过这些商户内的交易明细了解客户消费习惯。银行可提供个性化的营销推广
Soul Machines	开发出数字银行职员，提供创新的视觉交互体验。开发的数字银行职员能说 12 种语言，数字银行职员通过摄像头观看客户表情和反应，通过数字大脑支配它们的面部表情和行为作出反应，可以在各种场景中采用真人化的方式与客户互动
Two Sigma	利用 ChatGPT 分析财务报表和新闻内容，以识别潜在的投资机会和风险，通过利用 ChatGPT 的自然语言处理能力和大规模语料库，Two Sigma 可以自动化地分析大量数据，从中提取有用的信息，以更好地了解公司业绩和市场趋势，并作出更明智的投资决策
摩根大通	通过人工智能驱动的大语言模型，学习解读央行官员讲话中透露的信号，来预测利率政策出现变化的可能时间点，人工智能预测货币政策，并计划推出 IndexGPT 选股服务
苏黎世保险集团	正在测试如何在索赔和建模等领域使用 ChatGPT 技术；从理赔说明和其他文件中提取数据，试图找出整个理赔部分的具体损失原因，从而改善承保条件。重点关注自动风险检查和处理账单的人工智能系统等领域
日本大和证券	日本有 9000 名员工将使用 ChatGPT 技术，大和证券认为有以下几点值得期待：(1) 缩减信息搜集、材料制作的时间和费用成本；(2) ChatGPT 可以快速完成文件、企划书等的草稿制作，以创造更多与客户接触和计划制订的时间；(3) 通过员工的广泛使用，进一步创造出使用灵感
布罗德里奇（BR）	将旗下债券分析平台 Liquidity Cloud 中的实时债券数据，输入到 GPT-4 大模型，打造了 BondGPT，主要用于帮助客户回答各种与债券相关的问题
WisdomTree	与 IBM 合作，IBM 的人工智能工具和数据分析能力将帮助 WisdomTree 进一步提升其平台在风险管理和市场分析方面的精准度和效率
汇丰银行	与互联网搜索巨头谷歌就使用人工智能技术反洗钱和缓解欺诈建立了合作伙伴关系

资料来源：作者根据公开资料整理。

第三章 “人工智能+金融”技术架构与发展趋势

一、人工智能领域关键技术

人工智能领域关键技术包括大数据、机器学习、自然语言处理、大语言模型以及现在最热门的生成式人工智能模型等。

从局域网到广域网，云计算通过互联网为商业板块的各个需求提供了计算资源，为了应对物联网设备的迅速增长和及时、安全的要求，2016 年边缘计算逐渐商用，通过在数据源附近处理数据来减少延迟和提高效率。云计算为机器学习提供了强大的计算资源和存储能力，使大规模数据训练和模型部署成为可能；随之而来的边缘计算与机器学习的结合，更快速的数据处理和智能决策，就是支撑要求程度更高的应用，如智能化风控与支付等。

机器学习（见图 3-1）是一种使计算机系统通过数据学习和推断而无须进行明确编程来改进性能的技术，让计算机系统基于数据输入进行预测或决策，其中包括深度学习、监督学习、多模态学习和强化学习等。它广泛应用于推荐系统、自然语言处理、金融风控等领域。其中，自动机器学习是它的一个高级阶段，其自动化了机器学习过程中的多个步骤。在金融领域，自动机器学习的应用尤其显著，包括信贷风险评估、股市分析、客户细分、算法交易等。自动机器学习在金融领域的应用不仅提高了决策的速度和准确性，还降低了操作成本和风险。

深度学习是机器学习的一个子集，它使用的是类似于人脑的神经网络结构。深度学习模型能够自动提取数据特征，处理高维数据，高频运用到图像和语音识别、自然语言处理、视频等。

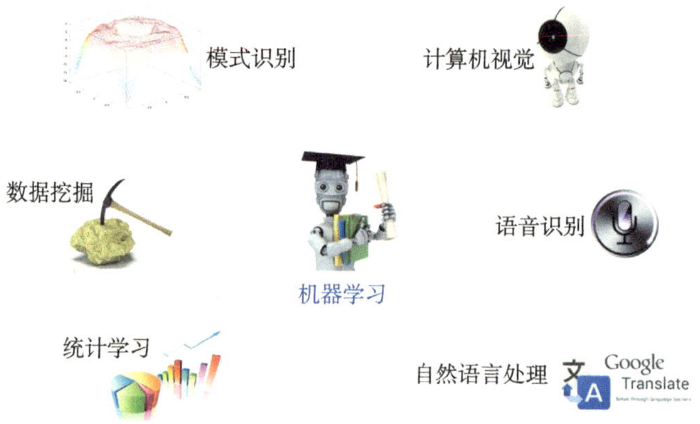

图 3-1 机器学习分类

资料来源：《计算机的潜意识》，博客园。

深度学习中的一个应用方向是多模态学习，专注于整合多种数据类型，涉及处理和分析多种类型的数据。它结合了不同模态的信息以提高学习任务的性能，如情感分析（结合文本和音频）、多模态推荐系统等。

机器学习的另一个子领域强化学习是一种让智能体通过与环境的交互来学习最佳行为策略的方法，它专注于通过奖励和惩罚来训练模型，目的是最大化累积奖励。

此外，机器学习中处理数据和建立模型还有监督学习、自监督学习、半监督学习和无监督学习。监督学习常用于垃圾邮件识别或分类、房价预测回归及物体识别等；自监督学习适用于自然语言处理中的词嵌入、图像处理中的图像重构；半监督学习会用于文本分类、图像识别中；而无监督学习则会出现在市场细分的聚类，关联如购物篮分析等规则学习及异常检测之中。

人工智能的发展不仅取决于机器学习，更取决于深度学习。深度学习技术由于深度模拟了人类大脑的构成，在视觉识别与语音识别上的显著突破极有可能是真正实现人工智能梦想的关键技术，例如谷歌大脑和百度大脑，都是由海量层次的深度学习网络所构成的。

在人工智能领域，神经网络是许多机器学习模型的基础，它包括卷积神经网络（Convolutional Neural Networks, CNN）、Faster R-CNN、R-CNN、递归神经网络（Recursive Neural Network，RNN）、深度神经网络（Deep Neural

Network，DNN）以及图神经网络（Graph Neural Network，GNN）等。神经网络是由相互连接的节点（或称为神经元）组成的计算系统，灵感来源于人脑，能够通过学习识别模式和数据中的复杂关系。其中，卷积神经网络专门用于处理具有网格结构的数据；R-CNN 是卷积神经网络的一个应用，专注于目标检测任务；改进后的 Faster R-CNN 通过引入区域生成网络（RPN）提高了检测速度；递归神经网络是神经网络的另一种类型，用于处理序列数据；深度神经网络是具有多个隐藏层的神经网络，是许多深度学习任务的基础架构；除此之外，图神经网络是神经网络的另一种扩展，专门用于处理图结构数据。

在此之外，自然语言处理、大模型和机器学习之间存在密切的关系，它们共同推动了人工智能领域的发展。自然语言处理结合了计算机科学、人工智能、语言学和其他相关领域的知识和技术，旨在解决计算机与人类语言之间的交互问题，如自动翻译、文本分类、命名实体识别、情感分析、问答系统等都是基于自然语言处理指令完成的。而大模型是指参数数量庞大的神经网络模型，如 BERT（Bidirectional Encoder Representations from Transformers）模型、GPT（Generative Pre-trained Transformer）模型以及视频生成模型等，这些大模型在自然语言处理任务中取得了显著的成果。

机器学习提供了自然语言处理所需的核心技术，用于处理分析语言数据。在自然语言处理中，如机器翻译、文本分类等，都依赖于机器学习模型来识别语言模式和进行预测；大模型能够处理复杂的句法和语义关系，提供更准确的预测和更高的性能。因此，自然语言处理和大模型相互促进和补充，大模型为自然语言处理提供了强大的学习能力，而自然语言处理任务的需求也推动了大模型的发展和改进。

大模型是专业服务数字化的关键，目前人工智能大模型已在多个行业落地应用，在金融行业，大模型被应用于风险评估、信贷评分、市场分析、自动化客户服务等，在消费电子和智能家居领域提供个性化推荐、智能助手等功能。随着技术的不断进步，大模型在各个领域的应用更加广泛和深入，推动社会经济的高质量发展。

二、基本技术架构

人工智能在金融领域的基本技术架构通常包括数据层、模型层、算法层、应用层、交互层、基础设施层等主要层次和组件（见图 3–2）。

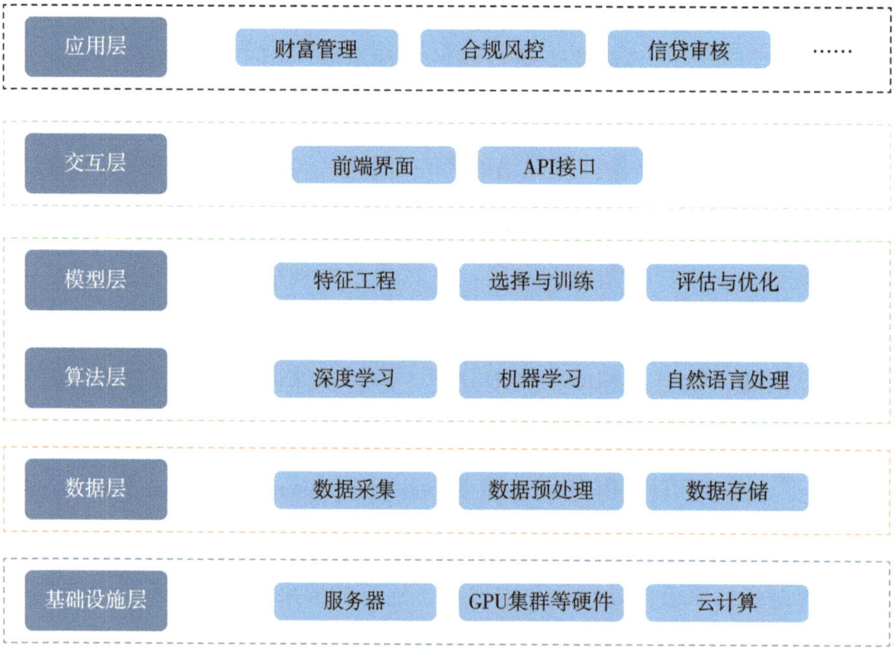

图 3–2 人工智能基本技术架构

资料来源：作者根据公开资料整理。

1. 数据层

包括数据采集、数据预处理、数据存储等。

2. 模型层

特征工程：从原始数据中提取有意义的特征，以便使模型能够有效地学习和理解数据。

模型选择与训练：选择适合金融任务的人工智能模型，如决策树、随机森林、神经网络（包括多层感知机、卷积神经网络、循环神经网络等）、支持向量机等，并使用训练数据进行训练。

模型评估与优化：使用验证集对训练好的模型进行评估，根据评估指标（如准确率、召回率、F1 值等）对模型进行优化和调整。

3. 算法层

机器学习算法：包括监督学习（如分类、回归）、无监督学习（如聚类、异常检测）和强化学习等算法，用于解决不同的金融问题，如信用评估、市场预测、风险控制等。

深度学习算法：包括前馈神经网络、递归神经网络、长短时记忆网络等，用于处理复杂的金融数据和任务。

自然语言处理算法：用于处理金融文本数据，如文本分类、情感分析、信息抽取等。

4. 应用层

包括产品研发、运营与资产管理、合规风控、财富管理、信贷审核、市场营销、用户体验等多个金融场景。

5. 交互层

前端界面：为用户提供友好的操作界面，便于用户输入需求和获取结果。

API 接口：与其他金融系统进行集成和数据交互，实现无缝对接。

6. 基础设施层

计算资源：包括服务器、GPU 集群等硬件设施，以支持大规模的数据处理和模型训练。

云计算平台：提供计算和存储资源，降低硬件成本和维护难度。

为确保整个技术架构的高效运行和可靠性，还需要建立完善的监控、运维和安全机制，对数据和模型进行持续的监控和更新，以适应不断变化的金融市场环境和业务需求。

三、相关技术发展趋势

人工智能技术在金融领域中得到更广泛的应用，会呈现出多元化、深度化、创新化的特点。例如，更高级的计算机视觉、增强的自然语言处理、更强大的深度学习，可以帮助金融机构更好地预测市场变化和客户行为，提供更自然、更人性化的客户服务体验，提高市场预测和风险管理的准确性；可解释性人工智能将提高人工智能系统的透明度，使金融机构能够更好地理解模型的决策过程；此外，联邦学习允许不同机构共享模型训练而无须直接共享数据，保护用户隐私的同时还能提高模型性能；目前量子计算虽然还处于早期阶段，但有望在未来几年内为金融领域提供更强大的计算能力，特别是在优化问题和加密领域。

随着金融大模型的引入，金融行业的范式将进行重塑，包括人工智能认知和理念的转变、客户服务流程和体验的重塑、风险管理的改善、金融服务效率的提升以及金融业务形态的创新。金融机构对大模型技术的关注和应用正在全球范围内加速。《金融界》相关数据显示，当前全球 2000 亿 ~3000 亿美元的金融业务可由生成式人工智能支持，70% 的金融机构正在使用生成式人工智能辅助业务，每 10 家金融机构中就有 1 家与人工智能技术相关。据预测，未来 3 年金融机构在人工智能领域的投资将超 4000 亿美元，年复合增长率接近 30%，是增速最快的行业之一。

海外金融垂直大模型应用如彭博 BloombergGPT，2023 年彭博社构建了迄今为止最大的特定领域数据集，并训练了专门用于金融领域的大语言模型，开发了拥有 500 亿参数的语言模型 BloombergGPT。该模型依托彭博社的大量金融数据源，构建了拥有 3630 亿个标签的数据集，支持金融行业内的各类任务，彭博社近 40 年来在金融领域积累的数据占比为 51.3%，剩余的 48.7% 则来自公开数据[①]。训练结果表明，BloombergGPT 的混合训练方法使其模型在金融任务上的表现大大超过了现有的大语言模型。BloombergGPT 模型的优势主要是对金融领域理解更为深刻，并借助其针对性强、来源可靠的金融数据，提供了深度专业的分析能力，同时通过协助优化金融自然语言处理任务，助力提升彭博社终端数据的应用价值，开辟金融行业分析和决策的新可能性。如 FinGPT，是由 AI4 Finance Foundation 开发的一种专门为金融领域设计的语言模型。它的目标是为金融大语言模型（FinLLM）提供互联网规模的数据，以此推动金融领域的开源发展。FinGPT 采用以数据为中心的方法，强调数据采集、清理和预处理在开发开源 FinLLM 中的关键作用。通过支持数据可访问性，

① Shijie Wu，Ozan Irsoy，Steven Lu，et al.，“BloombergGPT: A Large Language Model for Finance”，arXiv，2023.

FinGPT 渴望加强金融领域的研究、合作和创新，为开放金融实践铺平道路。

国内金融机构也纷纷开展大模型应用探索，当前金融大模型呈现出以下比较明显的特征。

1. AIGC 将成为提供高质量金融服务的重要工具

生成式人工智能能够生成更为智能、富有个性化的内容，更好地满足客户需求。不仅包括在智能客服、智能投顾等核心场景方面的应用，同时还将成为金融员工的智能助理，为内外部用户提供更丰富、智能的金融体验。依据 Gartner 新兴技术成熟曲线，预计 1~2 年，首批大模型增强的金融机构会进入成熟应用期，3~4 年后将会带动金融业生成式人工智能的规模化应用，后续有望给金融业带来 3 万亿元规模的增量商业价值，并可能彻底改变交易的进行、投资的管理和风险的评估方式[①]。

2. 大语言模型发挥更重大作用

大语言模型是一种能够处理、理解和生成自然语言文本的机器学习模型，是以未标注文本作为训练集的、经过自监督或半监督学习的深度神经网络模型[②]。相比传统的机器学习模型，大语言模型在处理另类数据时需要更少的人工数据清洗和标注工作，是处理非结构化数据的利器。大语言模型不仅可以处理海量的金融数据，还能够从中提取出有价值的信息和见解，并自动生成相应的金融文本或金融决策。随着技术的不断进步，大语言模型将在金融领域发挥更为重要的作用，成为金融创新和数字化转型的关键驱动力。

3. 多模态预训练大模型将是产业的标配

金融大模型将从支持文本、图像、音频、视频等单一模态下的单一任务，逐渐发展为支持多模态下的多种任务。这意味着大模型的比拼重点将不再是单一模态下参数量的提升，而是转向多模态信息整合和深度挖掘，通过预训练任务的精巧设计，让模型更精准地捕捉到不同模态信息之间的关联[③]。目前，多模态预训练大模型发展思路主要有 3 个：一是利用单模态调动其他

---

① 清华大学经济管理学院、度小满、《麻省理工科技评论》:《2024 年金融业生成式 AI 应用报告》，2024 年。

② 张晓燕、吴辉航:《大语言模型在金融领域的应用》,《清华金融评论》2024 年第 5 期。

③ 毕马威、中关村产业研究院:《人工智能全域变革图景展望：跃迁点来临（2023）》，2023 年。

数据功能模块完成多模态任务；二是直接利用图像和文本信息训练得到多模态大模型；三是将大语言模型与跨模态编码器等有机结合。

4. 金融大模型与云计算深度融合

“Cloud+AI”的趋势日益明显，大模型与云计算的结合将更加紧密。云计算强大的计算能力和资源池化能力，能够为金融大模型的训练、推理提供充足的算力支持。云平台海量数据的存储、处理和分析，使金融机构可以更加便捷地获取、整合和分析各类金融数据，为模型的训练和优化提供有力支持。同时云计算支持模型的灵活部署和动态调整，金融机构可以根据业务需求的变化快速调整模型配置和部署策略。

5. 多元化部署

金融大模型将成为金融机构数字化转型的标配，其应用将不再局限于传统的计算中心，而是与小模型、新终端以及数据中台结合。大模型负责处理复杂、高层次的认知任务，协同小模型适合在边缘设备或移动终端上运行，能够快速响应实时数据，实现低延迟的交互体验，提升整体系统的效率和性能。各类新型终端融入产生的海量数据为大模型提供了丰富的训练素材和实际应用场景。大模型与小模型结合、新终端以及数据中台结合共同构筑起一个多元化部署与互联互通的新生态。

第四章 “人工智能+金融”数据要素

一、数据要素分布情况

金融数据要素是金融产业发展的重要基础，构成了金融机构进行数据分析、决策制定和服务创新的关键资源。金融数据要素具有规模大、价值高、敏感性强的特点，与金融效率、金融安全和金融消费者权益紧密相关，也是数据要素流动和数据安全保护的关注重点[①]。结合金融机构对数据要素的实际需求，本书主要从数据来源和数据类型两个维度对金融数据要素分布进行划分。

（一）按数据来源划分

按照金融数据来源，可以划分为内部数据、公开数据和外购数据三大类。

1. 内部数据

内部数据主要指金融机构内部所产生、拥有的各类信息和数据资料。这些数据通常包括：①机构的各类业务系统，如交易系统、信贷系统、风险管理系统等在日常运营中会产生大量的交易数据、客户信息、风险指标等；②涵盖了金融机构的日常运营、财务管理、市场营销、人力资源管理等各方面的内部运营数据；③网络安全监控、交易异常监控等，会实时收集并存储相关的监控数据等。内部数据具有高度的真实性和针对性，是金融机构进行决策分析、业务优化和战略规划的重要依据。

① 袁康：《金融数据治理的分层与耦合》，《法学杂志》2024 年第 3 期。

2. 公开数据

公开数据是指通过各种公开渠道如政府统计机构网站、金融网站、交易所网站、公司官方网站可以获取的数据，包括宏观经济数据、金融市场数据、金融交易数据、公司财务数据以及经济数据指标与新闻事件等。这些数据具有广泛的覆盖性和公开性，同时需要注意数据的真实性、准确性和完整性，是企业和个人进行市场分析、行业研究的重要数据来源。

3. 外购数据

外购数据是指金融机构为了支持其业务运营、风险管理、市场研究等，从外部数据源购买的各类数据。这些数据可能包括但不限于宏观经济数据、行业数据、企业信用数据、市场交易数据、客户行为数据等。金融机构外购数据的来源广泛，包括但不限于政府机构、行业协会、咨询公司、数据服务公司、运营商等。金融机构根据自身的业务需求选择数据供应商和数据产品。

（二）按数据类型划分

金融数据类型包括但不限于金融专业数据、实时金融数据、多模态数据、跨领域数据。这些数据类型共同构成了金融领域数据基础，支持其在金融领域的广泛应用和深入探索。

1. 金融专业数据

①金融业务数据：银行、信托、保险等金融机构业务数据，如贷款、存款、保险产品销售、理赔等数据。

②金融产品数据：股票、基金、债券等产品，包括价格、交易量、收益率、风险等级等数据。

③金融研报：包含金融机构对市场、行业、公司等的深入研究和分析报告。

2. 实时金融数据

①金融市场新闻：包括财经新闻、政策变动、市场传闻等，用于捕捉市场情绪和预测市场走势。

②金融交易数据：实时更新的股票、期货等行情数据、交易数据。

③社交评论数据：来自社交媒体、财经论坛等的用户评论和观点。

3. 多模态数据

①图像数据：如财务报表的扫描件、图表、股票 K 线图等。

②语音数据：如客户服务热线的录音、视频会议记录等。

4. 跨领域数据

①宏观经济数据：如 GDP 增长率、通货膨胀率、失业率等，有助于理解宏观经济环境对金融市场的影响。

②行业数据：如特定行业的行业政策、销售数据、市场份额、竞争企业等，有助于分析特定行业的金融风险和机遇。

二、金融数据运营机构

2024 年 1 月《企业数据资源相关会计处理暂行规定》正式施行，规范了数据成本价值的计量，明确了数据作为资产的价值，让数据由自然资源向经济资产跨越。数据资产化的最终目的是实现数据价值。同月，国家数据局等 17 个部门联合印发《“数据要素 ×”三年行动计划（2024—2026 年）》，提出到 2026 年底，打造 300 个以上示范性强、显示度高、带动性广的典型应用场景，培育一批创新能力强、成长性好的数据商和第三方专业服务机构，形成相对完善的数据产业生态，数据产品和服务质量效益明显提升，数据产业年均增速超过 20%。随着金融数据行业的快速发展和数字化转型以及政策支持，金融数据运营商的竞争格局呈现出多元化和日趋激烈的特点。

①传统金融机构，如银行、证券公司、保险公司等，拥有庞大的客户基础和丰富的金融数据资源。它们通过数字化转型，增强自身在金融数据运营方面的能力，成为市场的重要参与者。

②金融科技公司，如蚂蚁集团、腾讯金融、京东科技集团以及大模型公司，凭借强大的技术实力、丰富的用户数据、广泛的合作伙伴等优势，占据了市场的重要份额。

③专业金融数据信息服务商，如万得、同花顺、东方财富、大智慧、彭博社等，专注于金融数据的收集、处理、分析和运营，为金融机构提供定制化的数据服务和解决方案。它们在数据处理和分析方面具有专业优势，满足金融机构的特定需求。

三、数据要素处理与分析

数据处理过程主要包括数据收集、数据预处理、数据存储、数据处理与分析、数据展示、数据可视化、数据应用等环节[①]，主要涉及数据的采集及预处理技术、数据的储存及处理技术、数据的提取及分析技术。

1. 数据的采集及预处理

数据采集：从各种数据源（如金融交易系统、客户关系管理系统、市场数据提供商等）收集大量的结构化和非结构化数据，包括金融交易数据、客户信息、市场行情、新闻资讯等。通常数据的收集通过爬虫技术、API 接口调用、传感器采集等形式。收集到的数据要进行初步处理，包括去除重复数据、噪声数据等，以保证数据质量。

数据预处理：包括对已接收数据的辨析、清洗、变换等操作。数据清洗是指将收集到的错误的、无价值的数据通过手动、自动、人机结合等形式清理，从而得到有效数据。数据变换则是对现有的数据进行适当的转换与归并，使其满足统计学方差分析的要求。这个过程可以解决多语种金融数据中的无效、违规及重复内容，识别预训练金融语料中低质、违规问题。

2. 数据的储存及处理

数据储存：使用关系型数据库、数据仓库或大数据存储平台（如 Hadoop、Spark 等）来存储和管理海量金融数据。分布式文件系统是最常用的储存方式之一，其容量较大，应用对于硬件设备的要求并不高，具有较强的灵活性和可调整性，并且还可根据用户自身实际需求对框架内容进行调整以及改动[②]。此外，常用数据存储技术还有分布式缓存技术，在数据处理中广泛应用。

数据处理：系统会预先设定分类标准和虚拟分类模型，然后对未分类处理的数据进行自动化的分类和处理。再根据不同数据之间一定的联系性将其有机结合，并在一定程度上从感性角度对数据进行情感分析处理。

---

① 莫祖英：《大数据处理流程中的数据质量影响分析》，《现代情报》2017 年第 3 期。

② 方鹏：《大数据处理关键技术分析》，《信息系统工程》2020 年第 9 期。

3. 数据的提取及分析

数据提取：通过深度学习、自然语言处理以及机器学习等先进技术，构建复杂的模型和算法，实现对数据的自动识别、分类、抽取和分析。如反欺诈中，系统需要全面感知和理解大量的交易数据和客户信息，识别关键数据要素，理解交易描述和客户背景，从而保证数据库中提取的数据具有较高的价值和利用率。

数据分析：对已经提取的金融数据进行分析，其中包含数据统计及分析、数据挖掘、数据建模等。对数据集中趋势、离散程度、相关性等进行统计分析，揭示金融数据的内在规律和趋势；时间序列分析可以帮助预测和解释金融数据的变动；回归分析可用于预测股票价格、利率变动等。

四、数据要素存在的问题

（一）金融数据要素存在的瓶颈

1. 数据体系不完善

国内许多金融机构没有科学合理的数据管理体系与管理架构，导致存在数据孤岛、数据竖井等问题，难以支撑业务敏捷迭代和规模化发展，限制了金融数据要素的有效利用和价值的充分发挥。

2. 数据质量参差不齐

金融市场涉及大量数据，但数据质量往往难以保证。数据中的错误、遗漏或异常值可能直接影响分析结果的准确性，增加了数据整合和清洗的难度。

3. 数据应用不充分

人工智能在金融领域的应用尚在探索阶段，技术和数据的应用程度不够充分，不能完全支持业务分析。金融机构缺乏高效的数据工具，线上化和自动化程度不足，数据标准、数据质量的闭环管理流程依赖人工，管理效率较低。

4. 金融数据人才短缺

金融行业紧缺兼具金融业务理解和人工智能等科技能力的复合人才。金融数据人才的短缺以及高成本一定程度上限制了金融数据要素的深度挖掘和应用创新。

（二）金融数据要素面临的风险

1. 数据安全风险

金融数据如个人身份信息、交易数据等涉及大量隐私信息和敏感数据。数据泄露导致的安全事件会给金融机构带来重大损失。随着金融大发展与数据要素充分流动，数据安全防护能力需同步提升。

2. 支付安全与欺诈风险

电子支付已经成为现代社会不可或缺的部分，支付安全和欺诈风险伴随而来。金融机构需加强金融产品和服务模式创新能力以及数据安全保障能力，以应对支付中的安全风险和欺诈行为，确保交易的真实性和安全性。

3. 数据跨境流动边界风险

在金融全球化背景下，数据跨境流动越发频繁。各国法规标准不同，导致数据跨境流动面临合规风险和隐私保护违规问题。在数据出境方面，金融机构需关注国家和行业要求，以及进行相应的安全影响评估和防护能力评估，以避免法律风险和经济损失。

（三）金融数据要素的困难与挑战

1. 有效获取高质量数据

人工智能在金融场景的应用需要高质量的数据支撑。首先是数据的准确性。金融数据来源复杂，同时在获取数据的过程中存在收录错误以及数据本身不准确问题，这直接影响到大模型的训练效果和预测准确性。其次是数据的完整性。不完整的数据导致预测结果失之偏颇，无法全面反映市场或客户的真实情况。最后是数据的时效性。快速变化的金融市场需要时刻获取动态的最新数据，有效增强整体的预测能力。

2. 数据的一致性、稳定性维护要求高

金融机构数据处理方式存在差异，对数据精确度要求不同，导致数据在多次处理后会出现显著差异。在这种没有“标准答案”的环境下，金融数据的准确性也有所降低。数据的质量和一致性需要不断维护，以避免分析结果

的偏差。随着业务需求不断演变，系统也需要不断更新和优化，以适应新的数据的实时处理和分析，对系统的响应速度和稳定性提出了更高的要求。

3. 数据要素投入成本过大

数据的规模和复杂性不断增长，要求系统具备强大的计算能力和高效的数据处理算法。处理万亿级别 tokens 需要有庞大的数据资源，以及高效利用这些资源。建立和维护这样的计算基础设施需要投入高昂的成本。此外，在数据处理分析过程中也需要大量投入，如数据标注与验证的语料处理环节，自动化标注准确度有限会导致手动标注成本高昂。

4. 模型选择与应用成熟度问题

金融机构在选择模型时，需要明确自身的业务需求和应用场景。不同的业务场景对模型的要求不同，如风险评估、客户画像、市场预测等，需要选择适合该场景的模型，还需要综合考虑模型的准确性、可解释性、投入成本等因素，权衡模型的参数规模与成本效益。模型与应用深度融合中，金融机构也存在技术团队与业务团队之间的沟通不畅、技术方案与业务需求不匹配等问题，需要确保技术真正解决业务痛点，提升用户体验。

5. 高质量金融数据难以共享

不同金融机构掌握的高质量金融数据不尽相同，如果可以实现这些高质量金融数据的共享，国内金融市场的潜能可以在这种合作共赢的环境下进一步释放[①]。但是由于金融数据的特殊性，金融机构大多将其作为自己的敏感资源不外传。这种情况在小型金融机构体现得更加明显，共享数据意味着彻底失去与大企业竞争的能力。

五、数据要素相关建议

1. 推动金融业公共数据要素化基础设施建设

推动金融业公共数据要素化基础设施建设，包括存储、计算和网络等硬件设施，促进公共数据在金融业中的高效流通与利用。一方面，充分发挥好

① 高庆海、蔡张炀:《我国金融数据治理面临的挑战与对策》,《海峡科技与产业》2022 年第 10 期。

征信机构、金融行业协会等已有行业性机构的作用，统一开展公共数据向金融业输出的要素化工作；另一方面，尽可能与金融行业使用数据需求高的公共部门建立合作关系，减少多个金融机构面向单一公共数据源部门的“多对一”重复数据沟通合作问题，培育公共数据金融业要素化的数据生态[①]。

2. 完善数据要素在金融领域发展的制度

依托金融业的数据密集型行业特点，结合大量实践应用数据要素和数字中国发展相关内容，完善管理制度方面的短板，制订合理合规的金融安全领域的数据要素发展计划。建议金融行业在数据方面解决以下问题[②]：一是数据确权，即确定数据来源及权益的归属主体；二是数据标准，推动金融业务数据的标准化，建立有效的标准体系；三是数据流转，推进金融领域的数据流转，发挥存量数据的价值，促进金融数据成为活跃的资源，在合法合规的保障下，充分发挥数据要素推动金融安全和发展的作用。

3. 金融机构要注重对数据安全风险的应对

国家相关部门陆续出台《金融数据安全 数据安全分级指南》（JR/T 0197—2020）、《银行保险机构数据安全管理办法》等，为金融机构的数据安全管理提供了重要参考。在此基础上，金融机构和金融科技公司可以对语料库数据进行分类和分级，制订数据处理环境安全保护实施方案[③]；制订应急计划，灵活地应对、处理和报告金融大模型应用下的金融数据处理安全突发事件；明确金融数据处理环境安全的专门负责人和管理职能部门，并对数据处理环境的安全稳定性进行监测和评估。

4. 完善金融数据治理的长效机制

相对于欧盟出台的《通用数据保护条例》《非个人数据自由流动条例》《数据治理法案》《数字市场法案》《数字服务法案》等制度规范和较为健全的组织架构，国家应该在建制立法、决策机制、管理体系和实施流程等重点领

---

① 张嘉熙、隗樊：《公共数据金融业要素化的新机遇与对策建议》，《中国金融电脑》2023 年第 5 期。

② 赵启斌、李彪、张军等：《加强数据要素服务金融安全监管的建议》，《决策咨询》2023 年第 3 期。

③ 罗世杰：《金融大模型：应用、风险与制度应对》，《金融发展研究》2024 年第 6 期。

域进行优化[①]，明确治理主体、界定治理客体并建立相对清晰的治理标准体系。整个治理标准体系应适应数字化趋势，统筹标准化数据和非标准化数据，建立国家级统一金融数据标准体系，建设国家金融数据综合统计系统，加快建成国家统一金融基础数据库，明确界定数据权利，规范数据接口、数据处理、数据转移和数据应用等。

① 郑联盛、臧怡宏、李俊成:《欧盟金融数据治理：框架、重点与启示》,《金融监管研究》2024 年第 2 期。

第五章 “人工智能+金融”产业生态

一、业务的组织情况

（一）业务实施逻辑

1. 深度调研评估

全面了解金融机构自身现有基础状况，根据现有 IT 系统架构、数据处理能力、技术应用情况评估业务流程、客户画像、产品服务、风险管理等。通过访谈、数据分析等手段，调研客户对“人工智能+金融”业务服务的期望和需求，分析竞争对手业务人工智能应用情况，识别市场机会和潜在威胁。

2. 方案制订

基于调研评估结果，设计符合金融机构实际需求和战略目标的“人工智能+金融”解决方案。选择合适的人工智能技术应用，形成详细的实施方案，包括系统架构、数据处理流程、算法模型设计、用户交互界面等，并制定好风险评估与应对措施。

3. 场景数据采集和整合

明确业务应用场景需要采集的数据类型、来源和采集方式。通过数据清洗、数据整合等形成用于大模型训练和验证的高质量数据。

4. 服务输出

将训练好的模型部署到环境中，与现有业务系统对接，实现智能化服务输出。持续监控服务效果，对模型进行迭代优化，评估效果。

5. 运营整合

业务建设完毕后，形成金融服务的运营管理闭环。对业务团队和技术团队进行人工智能和金融相关知识和技能培训，提升整体服务水平；确保金融服务的合规性，遵守相关法律法规和监管要求；根据市场变化和用户反馈，不断优化业务服务的功能和性能。

（二）业务组织参与方

“人工智能 + 金融”的组织参与方包括投资方、承建方和运营管理方等，各方共同推动金融业务的发展和创新，为金融场景注入新的活力和动力。

1. 投资方

投资方根据自身业务发展需求，通过投入资金，提出项目实施建设目标，委托承建方进行项目整体开发。

①金融机构：如银行、保险公司、证券公司等，通过引入先进的信息技术和人工智能技术，能够提升机构服务效率、降低运营成本并创新金融产品，实现业务拓展或多元化经营等目标。

②政府部门：通过构建人工智能金融服务平台、推动公积金数字化转型、加强金融数据安全与隐私保护等项目实施，实现金融服务智能化、风险管理精准化、社会治理现代化等目标。

③投资机构：专注于人工智能金融场景投资机构，通过评估项目的创新性、市场前景和盈利能力，提供资金支持。

④个人投资者：愿意承担一定风险的个人投资者，通过购买相关公司的股票或参与众筹等方式，支持人工智能金融项目的发展。

2. 承建方

承建方主要负责“人工智能 + 金融”项目的具体实施工作，包括技术研发、系统搭建、平台建设等。

①互联网科技公司：如阿里巴巴、腾讯、百度等，拥有强大的技术实力和数据资源，为金融机构提供人工智能技术解决方案。

②人工智能科技公司：专注于人工智能金融领域的技术研发和应用，为

金融机构提供智能化的解决方案和服务。

③ IT 服务提供商：为金融机构提供 IT 服务的公司，提供软件开发、系统集成、云计算等服务。

④智能硬件企业：通过提供智能设备和解决方案，支持人工智能技术在金融领域的落地应用。

3. 运营管理方

运营管理方负责人工智能智慧金融项目的日常运营和维护工作，确保项目的稳定运行和持续发展。

①金融机构内部团队：金融机构内部负责金融科技项目运营和管理的团队，熟悉金融机构的业务流程和监管要求，能够确保人工智能金融项目与自身业务需求相契合。

②承建方运营团队：承建方运营团队负责其产品的市场推广、客户服务、风险管理等工作。通过不断优化产品功能和提升用户体验，推动人工智能金融项目的持续发展。

③第三方服务机构：为金融机构和承建方提供运营支持服务的第三方机构，如数据中心运营商、云服务提供商等。

4. 其他参与方

其他“人工智能 + 金融”业务的参与方还包括科研机构、国家及地方智库、行业协会和产业联盟、金融监管机构等。

（三）产业生态

“人工智能 + 金融”产业生态的核心主要包括金融大模型和金融整体解决方案以及金融场景应用；人工智能基础设施层、技术层属于产业生态合作伙伴（见图 5–1）。产业生态通过资源共享、优势互补等方式推动产业协同发展。产业发展有助于提升整个行业的竞争力和创新能力，产业生态呈现出更加广阔的发展前景和巨大的商业价值。

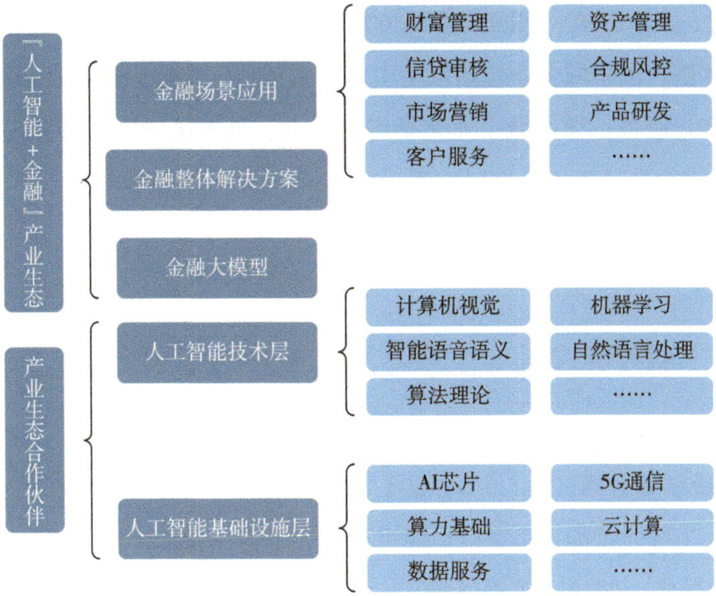

图 5-1 "人工智能 + 金融"产业生态

资料来源：作者根据公开资料整理。

截至 2024 年底，"人工智能 + 金融"产业生态中涌现了许多重要企业（下文中不完全列举，排名不分先后）。

1. 金融大模型

该领域企业包括农业银行、工商银行、浦发银行、阳光保险、中国人民保险、中金公司等金融机构以及蚂蚁集团、360、度小满、同花顺、东方财富、星环科技、恒生电子等金融科技公司。

2. 金融整体解决方案

该领域企业包括阿里云、百度智能云、腾讯云、科大讯飞、华为、中兴通讯、云从科技、宇信科技、神州信息、工银科技等。

3. 金融场景应用

①投研、投顾、理赔等：该领域企业包括招商银行、光大银行、银河证券、中信证券、华夏财富、中金公司、易方达基金、太平洋保险、中国平安、中国人寿、天弘基金等金融机构以及水滴公司、京东金融、同花顺等互联网金融平台。

②智能风控：该领域企业包括第四范式、华为、同盾科技、旷视科技、

邦盛科技、九章云极、浪潮信息、360 等。

③营销：该领域企业包括巨量引擎、索信达、明略科技、云知声等。

④客户服务：该领域企业包括腾讯企点、科大讯飞、京东科技集团、天润融通、容联云通讯、乐言科技等。

二、商业模式

（一）服务模式

“人工智能 + 金融”主要有以下两种服务模式。

1. 基本服务模式

①人工智能赋能：金融机构通过引入人工智能技术，优化传统业务流程，提升服务效率。例如，证券公司、银行等金融机构利用人工智能进行风险评估、信用评级和智能投顾，利用大数据进行客户画像和精准营销。

②运营服务：金融机构构建金融服务平台，整合多方资源，提供综合金融服务。金融平台运营公司通过数据分析、风险管理和技术支持，为各类用户提供定制化的金融产品和服务。

③金融数据服务：通过数据的收集、处理、分析和解读等环节，向金融机构提供金融相关信息和数据的服务，包括实时数据、历史数据、定制化数据以及一站式的金融数据服务解决方案。

④金融生态化服务：围绕核心企业构建金融生态圈，通过上下游企业的金融服务需求，提供标准化、特色化的金融产品和服务。

2. 延伸服务模式

①场景化金融服务：金融机构与电商平台、社交平台等非金融机构合作，共同构建场景化金融生态。将金融服务嵌入各种生活、消费场景中，如购物、旅游、教育、医疗等，通过构建范式化、场景化服务，提供快捷高效的金融服务。

②数字普惠金融：运用人工智能等数字技术，减少信息不对称，创新服务模式，提升风险控制水平，推动金融服务的全面覆盖，特别是银行、担保等金融机构针对小微企业和偏远地区，为小微企业和个人用户提供更加普惠

的金融服务。

③区块链金融：通过分布式账本技术，将数据以区块的形式链接起来，形成一个不可篡改的、去中心化的数据库。区块链金融广泛应用于数字货币，如央行发行的数字人民币，保险、供应链金融领域的智能合约，跨境支付与汇款，金融资产管理（记录和转移实现全程可追溯）、去中心化金融交易平台等金融服务。

（二）盈利模式

“人工智能 + 金融”的盈利模式多样。金融科技公司，如恒生电子，有软件产品销售收入、技术服务收入、云服务收入等。金融信息服务公司，如东方财富，有订阅费收入、会员增值服务收入、交易佣金收入、金融产品销售收入、广告收入等。金融数据服务提供商，如万得，主要有订阅费收入、终端软件提供金融数据服务收入以及数据增值服务收入等。这些盈利模式不仅提高了金融服务的效率和精准度，还拓宽了金融机构的收入来源。根据市场上主流参与企业情况看，盈利模式主要包括以下几类。

①订阅费收入模式：向用户收取一定的订阅费用，提供智能化的投资建议和资产配置方案。

②交易佣金收入模式：不仅提供投资建议，还提供在线交易平台，通过用户的交易佣金盈利。

③资产管理费模式：为较大资金量的机构客户提供资产管理服务，按资产规模收取一定比例的管理费用。

④软硬件产品销售收入模式：提供金融软硬件产品，如网络设备、交易系统、风控系统、财富管理系统等。

⑤技术服务收入模式：为金融机构提供定制化的技术服务和解决方案，收取相关服务费用。

⑥数据销售模式：收集、整理和分析金融数据后，销售给金融机构或其他相关企业。

⑦互联网金融服务平台模式：向互联网金融平台、互联网金融消费者收取服务费。

随着技术的不断进步和应用场景的不断拓展，商业模式和盈利模式将持续创新和发展，给金融行业带来更多的机遇和挑战。

三、业务的匹配性选择

（一）业务所需基础和条件

“人工智能 + 金融”业务需要在政策环境、技术团队、数据、资金投入、信息化等方面具备一定的条件。

1. 政策环境条件

政策环境条件一方面需要满足国家和地方层面相关业务金融监管、技术应用规范、风险防控等政策要求，另一方面需要寻求相关产业政策支持，如中国人民银行发布《人工智能算法金融应用信息披露指南》（JR/T 0287—2023）、杭州市人民政府印发《支持人工智能全产业链高质量发展的若干措施》等。这些政策条件可以为人工智能技术在金融领域的应用提供良好的发展环境和制度保障。

2. 技术团队基础

通常金融机构进行金融大模型优化升级，需要拥有研发网络核心技术，特别是分布式计算、数据分析挖掘、数据采集清洗、机器学习、深度学习框架等关键领域的技术储备。因此，以金融大模型为基础的机构尤其需要复合型技术团队作为支撑，能够应对人工智能金融业务开展过程中的各种问题挑战。

3. 数据条件

数据条件主要涉及数据的全面性、高质量、准确性及一致性等多个方面。金融机构需要能够高效整合不同来源的全面数据，确保数据在采集、储存、处理等整个生命周期中都具有高质量和准确性。此外，所有操作和处理应严格遵循统一的标准和规范，维持数据的一致性，避免由于数据格式、类型或来源不同而引起的错误和偏差。

4. 资金投入保障

金融机构考虑自身资金投入保障来进行业务建设规划。投入涉及计算机服务器、存储、网络等设施建设，研发与人才投入，模型的训练和优化，后期的运维和升级以及市场营销与推广。在很大程度上，只有资金持续投入才能保证业务顺利运行。

5. 信息化基础

金融机构需要具备一定的技术基础设施，如高性能的服务器、存储系统和网络设备，支持数据处理和计算。同时，业务过程中应具有数据管理和分析工具，如数据仓库、数据挖掘软件和机器学习平台，以提高数据处理和分析的效率。

6. 组织协调保障

人工智能金融业务实施需要跨部门的紧密协作，明确整个业务流程和团队组织，包括技术、业务、市场、风控等部门的共同努力，以确保数据收集、模型训练和应用过程中的各个环节能够顺畅进行，从而提高整个项目的效率和效果。

（二）技术的匹配性选择

金融机构在选择大模型技术种类时，需要综合考虑多个因素，以确保所选技术能够满足其业务需求、技术实力、风险承受能力以及未来发展规划。

1. 自研大模型或接入市场上已有大模型并进行微调

①自研大模型：有实力的金融机构会选择自行研发大模型，能够更贴合机构自身的应用场景，但自行研发也面临很多不确定性和风险，应考虑到开发基础大模型需要大量的训练语料、优秀的 AI 工程师、巨量的算力。

②接入市场上已有大模型并进行微调：接入当前市场上优质通用大模型，并在应用方面结合自身数据库及业务场景进行微调，可以降低底层研发的成本。从实用性出发，算力可与外部机构合作，按需引入各类大模型的公有云 API 或私有化部署服务，打造适合自己的模型。

2. “通用模型 + 金融语料”或金融垂直大模型

①“通用模型 + 金融语料”：使用通用模型，并通过大量的金融语料进行训练，以提升模型在金融领域的应用能力。通用模型的优势在于泛用性强、

灵活性和利用率高、可迁移性强；劣势在于特定领域深度较浅、模型复杂、训练时间长，适用性、实时性、推理速度欠佳。

②金融垂直大模型：为金融领域设计的大模型，通过大量金融领域的数据进行训练，以满足金融领域的特定需求。金融垂直大模型的优势在于领域专业性、针对性的解决方案、高精度和合规性；劣势在于适应性限制、更新和维护难度大、数据利用率低。

3. 小模型或“大模型 + 小模型”

①小模型：金融机构根据自身业务需求和数据，进一步对模型进行定制和优化后，形成轻量化小模型。

②“大模型 + 小模型”：利用通用大模型进行基础的知识和能力训练，然后结合金融行业的小模型进行深度优化，以实现金融场景的快速适配。这种方式既提高了场景应用的准确性和专业性，还降低了算力成本和内容安全风险。

4. 多项人工智能技术处理业务

在未建设模型的情况下，聚焦于办公、开发或营销等某几个需求，应用相关人工智能技术解决问题，形成一套综合解决方案。如 OCR 技术结合 NLP 能力、文档智能理解、文字对比算法等技术解决金融机构流水核查、文档对比等内部业务。

（三）业务可持续性评估方法

“人工智能 + 金融”实际建设中，需要在业务需求与场景、技术成熟度与可行性、成本与效益、合规与安全、灵活性与可拓展性等方面评估其业务的可持续性。

1. 明确业务需求与场景

金融机构应首先明确自身的业务需求，包括提升客户服务质量、优化风险管理、提高运营效率等方面。分析不同业务场景下的数据特点和任务需求，以便选择适合的模型方式。根据业务需求，选择能够适配具体业务场景的大模型种类。例如，对于客户服务场景，可以选择具备自然语言处理能力的大模型；对于风险管理场景，则需要选择能够处理复杂数据并进行精准预测的大模型。

2. 评估技术成熟度与可行性

金融机构需评估不同模型种类的技术成熟度，包括模型的稳定性、准确性、可靠性等。选择经过充分验证、技术成熟的大模型种类，以降低技术风险。同时考虑金融机构自身的技术实力、资源投入等因素，评估所选大模型种类的实施可行性。

3. 考虑成本与效益

从金融机构实际资产状况出发，评估业务的投入需求，包括硬件投入、软件许可、人员培训等以及业务未来持续性的投入。在合理投入的基础上预测实施后可能带来的各方面效益，包括业务效率提升、运营成本降低、客户体验增强等。充分考虑投入产出比，确保其具有较高的经济效益。

4. 重视合规与安全

金融机构需要重视国内外相关法律法规和行业监管部门的要求，持续关注人工智能技术和金融监管政策变化，避免因合规问题带来的法律风险和声誉损失，评估在数据保护、隐私安全等方面的能力，选择具备完善安全机制、能够有效防范数据泄露和非法访问的模型种类，确保金融机构和客户的信息安全。

5. 评估灵活性与可扩展性

布局模型不应一味追求参数规模的最大化，而应选择最适合解决自身特定问题的模型规模[①]。高度灵活性的模型可以根据业务需求和市场变化进行快速调整和优化。此外，还需要评估具体模型的可扩展性，以及能否支持未来业务增长和技术升级的需求，为金融机构的长期发展奠定坚实基础。

① 李庚南:《中小银行如何“玩转”金融大模型》,《金融博览》2024 年第 10 期。

第六章 “人工智能 + 金融”推广思路与政策建议

一、明确整体发展方向

1. 自动化与智能化

金融行业将依托人工智能等先进技术，自动处理大量数据，减少人工干预，提高效率；同时，通过自我学习和优化，改进算法模型，使决策更加精准和高效，实现金融服务的智能化和自动化。

2. 金融普惠化

通过人工智能相关技术，整体上降低了金融服务门槛，使更多人能够享受到便捷、高效的金融服务，推动金融服务的普惠化。

3. 个性化与定制化

基于用户多元化、差异化的需求，通过用户数据和行为分析，提供个性化的金融产品和服务。

4. 注重风险防控

人工智能时代攻击能力越来越强，金融机构注重提高风险防控能力，构建更加完善的风险防控体系，保障金融安全稳定。

5. 线上线下协同化

金融行业在运营模式上的转变，运用现代网络和各种智能服务终端打通了线下线上业务，并通过网络信息的交互机制解决了金融机构与用户的沟通不畅问题。

二、推广先进经验

1. 领先的金融机构越来越注重人工智能技术的应用

金融机构根据自身实力，通过自研或合作技术开发等形式提升金融业务效率、增强风险管控能力。如国投证券与第三方科技公司合作，运用人工智能相关技术进行自动化审核、智能归档与检索、合规性检查等文档处理；中投保等内部数据丰富的公司，应用人工智能技术推动大数据风控体系建设。

2. 专注于数据运营或有明显数据优势的公司，倾向于自主构建大模型，为客户提供更加精准、高效的服务

自主构建的大模型可以更深入地挖掘数据价值，根据公司业务需求、客户特征进行定制化服务，并对服务进行优化与创新。同时，还有助于保障数据安全和隐私保护。

3. 具备深厚投研、投顾等业务基础的金融机构，往往采用“通用大模型 + 自身强业务”的组合模式

金融机构拥有专业业务团队和高质量数据积累，具备一定的技术整合和创新能力，能够将通用大模型与自身的业务系统、数据平台等进行有效整合。如中金公司点睛大模型聚焦于投研报告自动化生成、实时市场监测与预警、投资者教育培训等应用；江苏银行通过开源通用大模型定向训练和优化，使模型更精准地适应金融垂直场景下的语境和客户需求。

4. 信息服务领域的龙头企业，可以瞄准金融场景细分领域的切入点，提供擅长的金融服务

中国移动根据场景化需求创新“人工智能 + 安全”产品与服务，提升网络安全能力；360 依托 360 安全大模型，帮助金融机构连接、配置、驱动、协同各类安全工具产品，应对网络攻击，处置网络威胁。

三、相关政策建议

1. 鼓励创新与竞争

金融机构应密切关注人工智能技术的最新进展，及时了解和掌握新技术在金融行业的应用潜力和优势，鼓励新技术在金融领域的使用。金融机构围

绕人工智能技术进行服务和业务创新，提升金融服务质量和效率。金融机构应积极与科技公司、数据提供商等跨行业合作伙伴建立合作关系，探索合作组织创新业务模式，共同推动金融的创新与发展。拒绝大科技公司通过市场力量巩固或扩展其垄断地位，鼓励金融机构和科技公司在技术和服务领域展开公平竞争，通过技术创新和服务优化来提升市场竞争力。

2. 政府政策支持及示范推广

地方政府相关部门要通过编制可实施的政策，引导、鼓励和扶持金融机构运用人工智能等技术在金融场景的应用。如《深圳市关于金融支持科技创新的实施意见》提出，鼓励金融机构重点支持人工智能、云计算和大数据等重大领域，加大对新技术、新产品研发与应用示范支持力度，推动关键核心技术项目攻关。《关于推进本市工业企业数智化工作实施方案》提出，通过大数据产品、人工智能大模型产品等新技术产品应用提升工作效能等。

在全国范围内梳理既有用又有效，能够切实解决市场需求，提升金融服务效率与普惠性的金融场景进行推广。地方政府可因地制宜地开展人工智能技术在金融应用大场景中的规划和统筹，支持当地金融机构、金融科技企业、中小企业等参与到规划中。地方层面打造一批可复制、可推广的标杆型示范应用场景，带头推动创新产品的扩大应用[①]，根据应用情况评选优秀案例，可颁发金融应用场景示范荣誉称号。中央国有大型金融企业起到表率作用，开放场景市场，推动国家级高质量人工智能场景数据的主动开放和共享，加快采用人工智能创新成果。

3. 支持金融数据运营

推进金融产业数据价值化，开展数据资源开放、开发利用的试点。围绕数据采集、存储、加工、交易、传输等全链条以及金融领域，重点培育数据服务型企业、数据管理型企业、行业数据应用示范企业。协调各方力量，以完善数据要素市场化运行的价值实现机制和收益共享机制为突破口，强化顶层设计，加强数据基础制度研究。充分发挥地方金融海量数据和丰富应用场景优势，加快推进政府授权金融产业数据运营，做强做优做大数字经济。

① 《全国政协委员张毅：人工智能有关问题的思考》，人民政协网，2024 年 5 月 13 日。

4. 推进“人工智能＋金融”领域监管

随着数据量越来越多和人工智能技术能力越来越强，“智能向善”宗旨的践行和金融机构的行业监管方法也需要及时创新。例如，金融机构可以利用数据优势更加隐蔽地向客户推荐金融服务和产品，但推荐的金融服务和产品并不一定是客户的合适选择，而是对金融机构利益最大的产品；监管部门既要鼓励金融机构积极采用人工智能技术，又要实行包容审慎和分类分级监管，对人工智能技术对金融可能产生的重大风险进行预警和管控。

5. 加强国际对话与交流

“人工智能＋金融”生态企业积极参与国际对话与交流，可以分享各自在风险管理方面的经验和教训，提高对市场风险的识别和防控能力。各国监管机构可以加强合作，共同制定金融领域人工智能相关的监管标准和规范，确保人工智能技术在金融领域的应用符合国际法律法规要求。同时，稳步推进金融科技研发、人工智能金融人才培养等方面的国际合作。

四、采取重点举措

1. 加大研发投入

加大“人工智能＋金融”的投入，包括研发、人才、资金等方面，推动技术创新和应用落地。

2. 加速技术应用

金融机构加快数字化转型升级，将人工智能相关技术融入业务流程、产品创新和客户服务等应用的各个环节。

3. 构建开放生态

金融机构与人工智能科技公司、互联网企业、监管部门等建立合作关系，构建开放、协同的金融生态体系，实现资源共享和优势互补。

4. 提升数据支撑

加强数据收集、存储、处理和分析能力，构建统一的国家金融数据监管平台和数据标准，为金融机构提供有力的数据支撑。

下篇

典型案例

第七章 | 金融机构内部优化

一、中投保线上场景化大数据风控模型创新赋能普惠金融

（一）案例概要

1. 基本情况

中投保是我国首家全国性专业担保机构，也是国内唯一央企控股的担保公司。2021 年，中投保秉持专业化数字化协同发展理念，以服务主责主业为宗旨，启动线上场景化大数据风控体系建设，打造担保行业数字化转型示范。

该项目通过加强大数据、云计算、人工智能等前沿科技赋能作用，提升核心风控能力，拓展业务获客资源，提高业务承做效率，同时实现入口场景化、运营数据化、风控智能化，把好业务风险关。截至 2024 年底，线上场景化大数据风控系统累计为中投保 12 个项目提供支持，18 套风控审核策略正在运行中，2024 年新增线上场景业务规模超 773 亿元。“以数据为中心”的数字化转型，现已成为中投保高质量发展的新引擎，为普惠金融供给贡献更优更强的“担保增信 + 投资资管”专业力量。

2. 组织与管理

中投保持续推动数字化转型，推进业务与技术的深度融合，搭建线上业务平台，不断实现线上业务品种和规模新突破，2024 年新增线上担保业务占比超过 80%，其中超过 90% 为中投保全资子公司——中投保数字科技（北京）股份有限公司（以下简称中投保数科）自主搭建。

中投保数科作为公司数字化转型载体，拥有百余人的技术团队，超过

25% 的人员拥有业务、技术双背景，已累计申请 50 个软件著作权，具备国家高新技术企业和科技型中小企业资质。

（二）技术架构

中投保人工智能产品的技术架构包括数据整合、策略模型和 AI 模型三大模块。

一是数据整合部分。大模型基础架构的数据处理部分整合了企业和个人的多维度数据，以提升风险评估和决策能力。在企业维度上，数据包括工商信息、股权结构、关联方信息、市场行业分析、知识产权情况、财务数据、税务数据、发票数据和用电数据，有助于全面了解企业的经营和财务状况。在企业主和个人维度上，数据涵盖企业主的基本信息、亲属情况、个人征信、租赁房屋、实际控制人素质、还款能力、经济情况、银行流水和多头借贷等。通过这些数据，模型能够更精准地评估个人和企业的信用风险，助力保险机构在风险管理和决策中更具前瞻性和精准度。

常见的三方数据来源包括：征信机构（如央行征信、个人和企业征信、企业征信服务公司等）、核验数据（如人脸识别、运营商数据等）、反欺诈数据（如多头借贷、评分类、行为数据等）、企业公开数据（如工商数据、司法数据）、企业税务数据（如发票信息、纳税征信产品）以及城投、债券数据（如万得、寰擎信息、预警通）。中投保数据中台系统，在深度挖掘使用公司运行过程中积累的业务、财务、风险数据基础上推动实现 6 家外部数据（百行征信、企查查、寰擎信息、预警通、中证、中债）对接，相关数据接口应用于中投保 13 个线上业务系统、2 个债券评级系统和 2 个中后台管理系统之中。

二是策略模型部分。在整合数据特征基础上，搭建涵盖多模块、多层次的风险控制策略模型。策略模型利用先进的算法和模拟技术，对不同策略进行评估和优化，从而提供切实可行的风险管理方案。多模块的规则设定包括欺诈规则（如团伙欺诈、三方欺诈、红黑名单）、行业规则、准入规则（如产品约束、企业相关规则、企业主相关规则）、信贷规则（如偿债能力、营运能力、盈利能力、发展能力等）和预警规则。以上规则模块基于数据特征，帮助担保机构在决策引擎平台上实现更加精准的风险控制和业务筛选，确保在产品设计、客户筛选及风险管理中有效防范潜在风险。

三是 AI 模型部分。AI 模型部分利用深度学习和机器学习技术，分为保前、保中和保后 3 个阶段。保前阶段包括欺诈检测模型和准入模型，用于筛选客户和防范欺诈风险。保中阶段包含信用评分评级模型、风险定价模型和风险预警模型，用于评估客户信用、精准定价和提前预警潜在风险。保后阶段则有催收模型，用于优化催收策略和提升回款效率。这些模型通过机器学习技术，帮助保险机构在各个业务环节中实现更加智能化和精细化的管理。

（三）项目亮点

1. 大数据风控体系

中投保基于大数据的核心风控体系，将风险管理与数字技术有效结合，将多维度数据进行收集、清洗、记录和运用，搭建风险评估与预警模型，实现了从保前的客户发现、客户准入、评估授信、审查审批、在线保函，到保中的过程监控，再到保后风险化解与代偿追偿的“项目全生命周期管理”。当客户出现舆情，发生经营、涉诉等重大情况变化时，系统能够实时跟踪，并通过多方数据源交叉验证，建立机器学习的风控模型。

2. 数据中台设计

中投保持续加强历史数据整理，提升数据处理与价值挖掘能力，同时打通系统间数据传输壁垒，实现数据高效集成；发布数据管理相关办法，明确数据标准，夯实数据审核主体责任，确保基础数据准确、有效；进一步提高数据预警的时效性与准确性，加快培育线上自主风控能力（见图 7-1）。

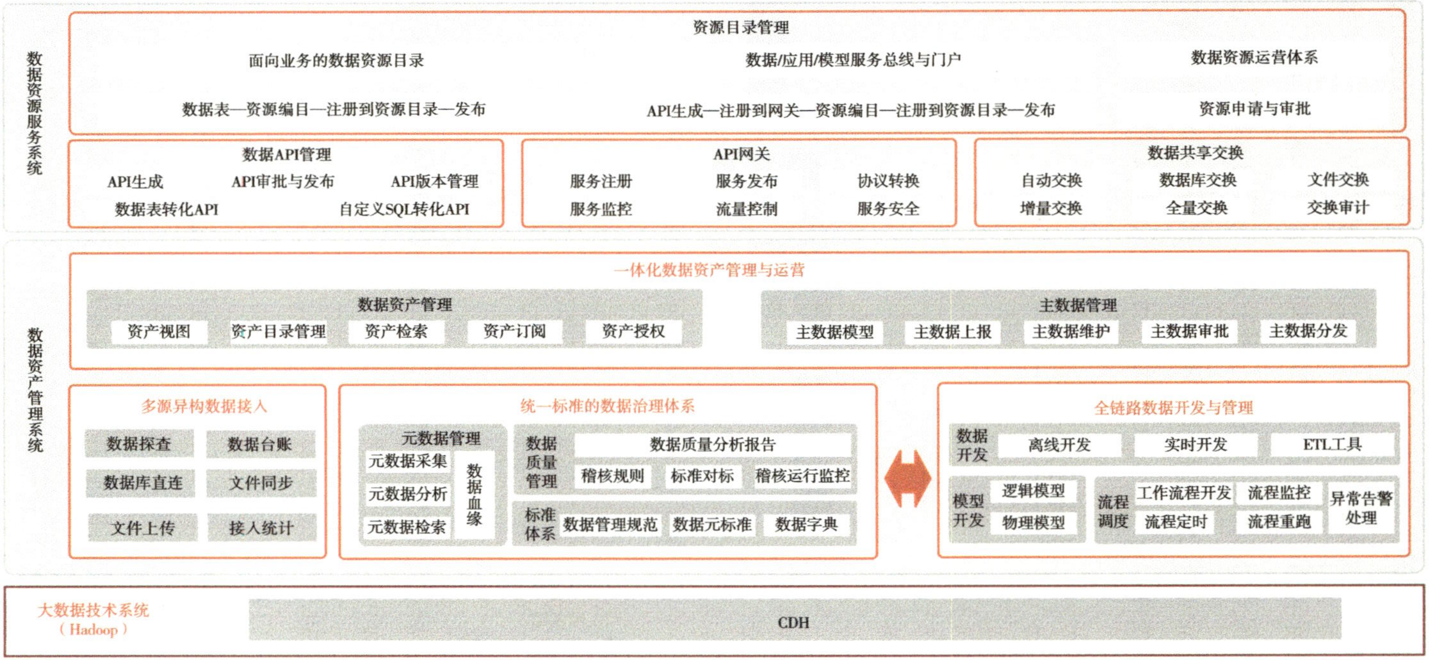

图 7-1　中投保数据中台

资料来源：中投保。

3. 业务引擎系统

中投保自主开发的业务规则引擎系统，根据业务和风险控制的需求，提供配置、迭代风控审核规则和评分模型，适配三方数据产品，支持后台角色权限管理，覆盖全流程、全业务、全客户的风险管控策略。面向不同客群和业务类型，中投保业务引擎系统提供适用于多元场景的风控评分产品，包括个人评分产品、企业评分产品和债券评级产品（见图 7-2）。截至 2024 年 10 月底，该系统已累计审核进件 61.31 万笔，审核拒绝 2.73 万笔。

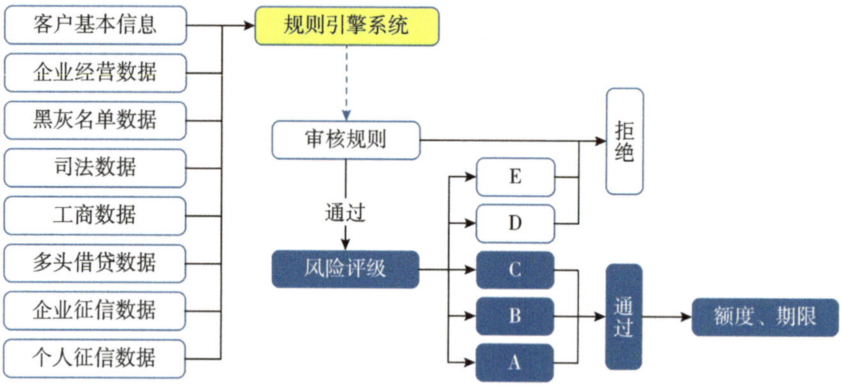

图 7-2　中投保业务规则引擎系统

资料来源：中投保。

（四）业务介绍

1. 业务对象

中投保线上场景化大数据风控模型的业务对象涵盖多类金融及非金融机构，包括但不限于以下几种。

（1）担保公司及自有业务部门

担保公司可以利用模型进行风险评估和客户信用分析，提升自身业务处理效率和风险控制能力。自有业务部门也可以通过模型的应用，优化内部风控流程，降低人工审核成本，提升决策的准确性。模型的灵活性和适用性使其能够为不同的担保公司提供定制化的风控解决方案。通过购买该大模型服务，其他担保公司可以获得高效的风险评估工具，帮助提升客户信用分析和风险管理能力。

（2）银行等其他相关合作机构

银行等金融机构可以通过与担保公司合作，使用该模型来提高贷款审批和风险评估的效率，确保放贷安全。

（3）中小微企业及“三农”客户

模型可帮助中小微企业和“三农”客户解决融资难题，提供快速、精准的信用评估，优化贷款审批流程，为这些客户群体提供更灵活、更低成本的金融服务。

（4）金融科技公司和数据服务商

金融科技公司可以利用模型技术，开发创新的金融产品和服务；数据服务商（包括央国企等大型企业、征信机构、金融咨询提供商等）则可提供丰富的数据支持，帮助模型优化和升级，进一步增强风险管理效果。

2. 业务流程

中投保线上场景化风控体系建设，涵盖从风控体系建设到持续改进的全流程管理（见图 7–3）。风控平台通过多个模块运行，包括线上导流、担保前管理、担保中监控、担保后管理、持续改善。线上导流模块负责进件系统的合作机构和直客渠道；担保前管理模块利用反欺诈模型、准入模型、决策引擎平台及人工信审管理进行风险筛查；担保中监控模块通过指标监控和预警实现贷中提醒管理；担保后管理则负责担保后催收；持续改善模块通过黑白名单更新、评估模型升级以及机器学习（如 GBDT、XGBoost 等）优化风控

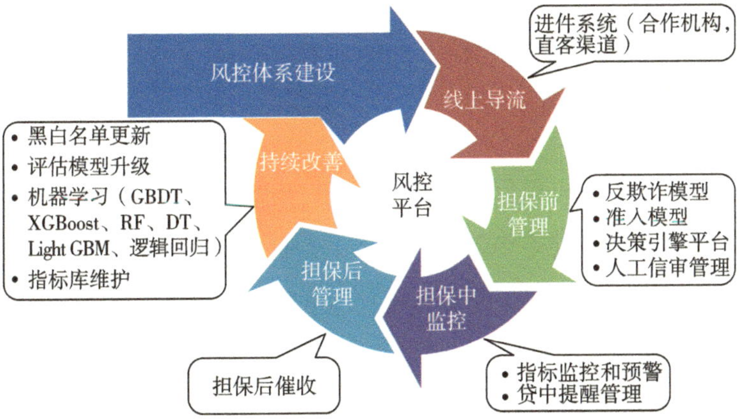

图 7–3　中投保线上场景化风控体系

资料来源：中投保。

模型，并结合逾期率、还款行为等数据特征，动态调整阈值参数、维护指标库的时效性和准确性，从而不断完善风控体系，提升风险管理的精准性和有效性。

3. 典型应用场景："电票保"商票质押融资担保场景

中投保深入供应链电子商票场景，搭建专门业务系统，重点推动央国企与其产业链、供应链上各类所有制企业特别是专精特新企业的精诚合作。

2022 年与上海银行合作上线的"电票保"产品，通过打造场景化担保服务、数字技术集成平台，实现票据审核、票据质押、合同生成、提示付款、线上还款、数据校验、数据报送等线上基础功能，及时做到银担双方信息交互，提升业务受理与审批效率，实现了"秒担秒贷"（见图 7–4）。

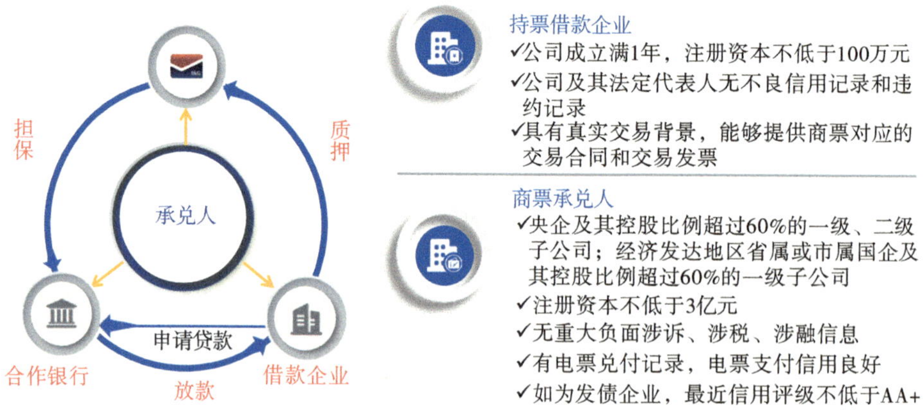

图 7–4 "电票保"商票质押融资担保产品

资料来源：中投保。

截至 2024 年底，"电票保"产品已累计承做 2.5 万笔，累计担保规模达 90 亿元，服务行业涵盖建筑施工、石油化工、航空航天制造、电气装备制造及先进制造业等，持续降低小微企业综合融资成本。能够保证春节等重大节假日期间，服务客户"不打烊"、业务办理"不断档"，在电票供应链融资领域打响了"中投保"品牌。

（五）案例适用场景及组织建议

1. 案例适用场景

（1）信息不对称和人工成本高的融资过程

在融资过程中，信息不对称和人工成本高等问题常常导致承做效率低下。通过引入大模型和人工智能技术，可以实现自动化信息采集和分析，提高效率，降低人工成本。

（2）应对中小微企业和“三农”领域的融资挑战

中小微企业和“三农”领域普遍存在融资难、融资贵、融资慢的问题。大模型通过整合多维度数据，进行精准的信用评估和风险分析，为这些企业提供更具针对性的融资方案。通过提升审批的自动化和精准度，缩短贷款审批时间，降低融资成本，从而使中小微企业和“三农”客户能够更快速地获得资金支持，解决其资金周转问题。

（3）降低传统小额分散业务的风控成本

传统小额分散业务由于单笔贷款金额小、客户数量大，依靠人工进行风控评估成本高且效率低。通过大模型，机构能够批量处理大量的客户数据，并快速进行风险评估和决策，大幅降低风控成本。同时，模型的持续学习和优化还能提高风险预测的准确性，进一步优化小额分散业务的风控流程和策略。

（4）跨部门、跨机构审核协作存在困难

在涉及多个部门或机构的审核过程中，信息共享和协作难度大。利用大模型和人工智能技术，能够实现不同系统之间的数据对接和信息共享，简化协作流程，提高审核效率。

（5）全生命周期管理的复杂性增加

随着业务的多样化和复杂性增加，金融机构需要对客户进行全生命周期管理。大模型可以结合数据分析和预测模型，帮助机构更全面地了解客户需求和行为，优化生命周期管理策略。

2. 场景组织与管理

（1）数据管理能力

机构需要建立健全的数据管理体系，包括高效的数据资源服务系统和数字资产管理系统。确保数据的完整性、准确性和及时性，以支撑大模型的开发和运行。

（2）数据资源整合

有效整合内部和外部数据资源，实现数据的统一管理和高效利用。通过数据共享和协作，打破信息孤岛，提高数据使用效率，增强风险评估的准确性。

（3）核心业务能力与人工智能技术结合

将核心业务能力与人工智能技术相结合，采用大模型替代传统的人工决策流程，提升业务处理效率和决策的精准度。

（4）风险控制策略优化

通过大模型的构建和持续优化，不断完善风险控制策略，使其更加智能化和高效化，适应不断变化的市场环境和业务需求。

（5）数据治理框架

建立完善的数据治理框架，确保数据的合规性和安全性，防范数据泄露和滥用，保障业务的稳定运行。

（6）模型研发和技术合作

具备自主研发能力的机构应持续投入技术研发，优化现有模型；同时，也可以通过与其他先进机构的技术合作，快速引入和应用最新的大模型技术，保持竞争优势。

（六）总结

数字化转型的成功，以业务的转型升级成果为标志和节点。中投保以小额分散批量化业务为着力点和突破口，围绕中小微企业（主）经营贷、“三农”、供应链金融、消费类金融、非融资保函等领域，通过深入挖掘和整合“人工智能 +”场景化数据，同步推动担保公司与各大银行、合作机构的系统互联互通，共同打造“担保 + 银行 + 场景 + 数字”的线上场景化业务模式。实现业务场景内真实交易的闭环，为担保产品插上“数字翅膀”。

实践表明，金融服务类机构深入更多细分场景和领域，通过与人工智能、大数据模型等先进技术和智能化管理深度融合，能够提供更加高效、便捷的数字化金融产品，助力纾解各类企业的融资难、融资贵、融资慢问题。

中投保主动拥抱新技术，筑牢数字化转型基础，其自主研发的“线上场景化大数据风控体系”项目，通过深度挖掘内外部数据价值，培育线上风控评估和审核能力，赋能传统业务转型升级，有效解决了客户融资过程中普遍存在的信息不对称、人工成本高、承做效率低等问题。在人工智能新时代，中投保将更好履行央企责任担当，进一步促进数字技术和实体经济深度融合，持续增强核心竞争力。以“人工智能+”重大应用场景为切入点和着力点，努力搭建覆盖科技型企业特别是科技型中小微企业“全生命周期”的股贷债保产品体系，秉持和践行“智能向善”理念，助力做好普惠金融、科技金融大文章。

二、江苏银行大语言模型服务平台赋能办公业务场景提质增效

（一）案例概要

1. 项目基本情况

江苏银行研发的全链路自主可控的“智慧小苏”系列大语言模型于 2023 年 4 月正式上线，该平台依托完整的软硬件架构体系，在客户服务、数据分析、基层办公等领域提质增效，赋能金融创新发展。

2024 年，以 ChatGPT 为代表的大语言模型在短时间内激起了大量社会讨论，也在不同领域展现出巨大潜力。对金融领域而言，如何使其高效、低成本落地成为从业技术人员讨论和研究的热点问题。江苏银行根据现有产品与开源解决方案，从实践出发充分调研市场需求，聚焦业务与产品创新，提出了一种基于自注意力神经网络的行业级大语言模型即服务（MaaS）平

台，并围绕自主研发的“智慧小苏”系列大语言模型，构建了全链路解决方案。

2. 项目亮点

（1）自主研发大语言模型

基于开源预训练大语言模型底座进行微调，江苏银行研发出全链路自主可控的“智慧小苏”系列大语言模型，包括用于代码生成的 C 系列模型、文本生成的 L 系列模型、图像生成的 A 系列模型等等。其中 L 系列文本生成模型又分为 L0（基础底座）、L1（词嵌入生成）、L2（金融客服专业模型）和 L3（通话摘要专业模型）等各类细分模型。

（2）金融领域垂直模型

基于行业领先的大模型底座，江苏银行对开源通用大模型进行了深入定向训练和优化，使模型能够更精准地适应金融垂直场景下的语境和客户需求。通过定制化的微调，江苏银行“智慧小苏”系列大语言模型改变了“一个需求，一次定制”的作坊模式，允许需求快速开发部署。

（3）模型即服务（MaaS）

通过将模型作为一种服务进行部署，可以实现模型的高效共享和灵活调用。因此，不同的下游业务系统可以更方便地利用这些模型，并以此提高了整体的计算资源利用率。模型即服务将传统部署于单个 GPU 服务器的模型资源虚拟化、池化、调用接口化和解耦化。

（4）向量检索

向量检索对文本进行分词，将文本转化成一组特征向量，并根据距离算法进行相似度比较，提高匹配准确度。此外，通过 Falss 算法配合建立 IVF_Flat 向量索引，可大幅提升检索速度，将查询阶段的检索次数降低到原先的 10%，实现可用于生产的向量检索。

（5）推理加速

江苏银行自主研发了类 BetterTransformer 技术，结合开源 vLLM 等模型加速框架与连续批处理技术，可显著提高服务并发量，从而在有限的计算资源下完成更多的运算。在生产中，为了保证“智慧小苏”系列大语言模型运行的稳定性，项目采用量化技术来降低模型的运行需求，通过 4 比特、8 比特等量化技术，平台将模型的显存占用降低至1/2。以上各类技术共同提高了模型的生成速度，提升了用户体验。

（6）高效微调

对于包含多个注意力层的大语言模型，每个注意力层中的权重矩阵可以分解为一个较小的旁路矩阵和一个较大的主矩阵。透过LoRA旁路微调技术与DeepSpeed训练框架，平台可以减少每个注意力层中的参数量，从而减小所需数据集规模与计算复杂度，提高训练效率。

3. 项目特点

（1）模型算力集约化

大语言模型对基础设施有很高要求，要持续投入大量的财力和人力。通过大语言模型行业级平台的建设，可以整合算力，并通过软件即服务的交付理念，提供服务化接口，赋能金融机构调用与训练，大大降低大语言模型的使用门槛。除此之外，各银行所需训练的数据集经自己清洗后由平台统一管理，一旦泄露即可追究责任，降低银行数据集泄露的风险。

（2）开发流程工业化

快速训练下游任务模型，降低开发成本，大幅提升应用效率。大语言模型的微调能力，不仅允许银行针对特定场景训练对应的模型，还能将成本降至最低，支持快速上线新的场景。

（3）应用生态通用化

立足国家级技术竞争，促进研究与应用，解决“卡脖子”问题。商业银行的技术攻关力量有限，往往不具备研究大语言模型底层算法的能力。因此，银行科技部门可与科研院所、高新企业在自然语言方面进行协作，使其可以通过平台进行实验、验证和改进现有的算法和模型，从而引领自然语言处理领域的进一步发展，并建立一个标准可制定、技术可信任、资源可共享、商业可持续的行业大语言模型生态圈。

（二）技术架构

江苏银行“智慧小苏”大语言模型服务平台已围绕自主研发的“智慧小苏”系列大语言模型，构建了基础设施层、工具层、模型层、服务层与应用层 5 层架构（见图 7–5）。

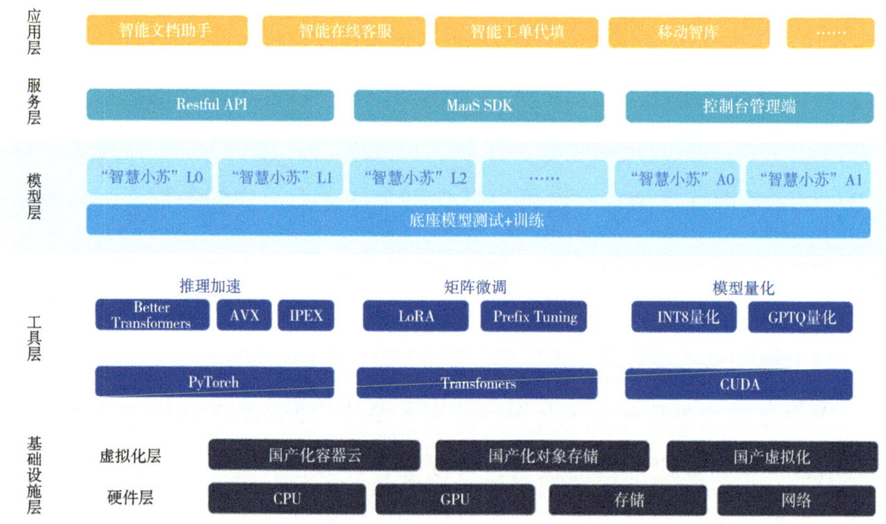

图 7–5　大语言模型服务平台架构

资料来源：江苏银行。

基础设施层：负责支持整个平台的运行，提供稳定高效的计算、存储和网络资源，基础设施层依赖江苏银行的国产虚拟化与国产化容器云技术实现了训练、部署资源的动态分配和优化。

工具层：负责为“智慧小苏”系列大模型提供运行环境，实现模型的加载、运行和优化。大语言模型服务平台集成了多种深度学习框架，如 PyTorch、Transformers 等，并提供了配套工具链，包括用于量化的 GPTQ 等，同时也集成了 MindSpore 等优秀的国产化学习框架，最大程度兼容国产软硬件设施。

模型层：包含“智慧小苏”系列大模型的核心算法和数据。这一层依托大量的知识库、语料库和专家经验，通过持续训练和优化，使得模型具备较强的自然语言理解和生成能力。模型层还会根据实际应用场景的需求，定期更新和升级，以提高模型的准确性和适用性。

服务层：作为整个平台的核心，它负责将模型层的能力通过 Restful API、MaaS SDK 等多种形式向外提供。服务层将模型层的各种功能进行封装、组合和优化，形成了一系列可复用、易于接入的服务。不同的业务系统可以通过服务层快速构建出丰富的应用场景，实现语言理解、对话生成、文本摘要等功能。

应用层：作为平台与用户的接口，它包括多种应用场景，如智能在线客服等。通过与服务层的紧密结合，应用层实现了高度定制化的功能开发，满足了金融垂直领域不同任务的需求。

（三）业务介绍

1. 业务对象

江苏银行“智慧小苏”大语言模型服务平台，以提升客户服务、优化业务流程、基层减负赋能为目标，聚焦智能客服、智慧办公、敏捷研发三大领域，业务对象包括但不限于以下几种。

①手机银行用户：提供移动端智能客服，提高客户满意度。

②行内各级业务人员：提供行内办公服务，提升工作效率。

③行内系统开发人员：提供代码补全等开发工具，加速开发进度。

2. 场景介绍

（1）在线客服

传统客服机器人倾向基于规则和模板，机器人对于复杂的或新颖的问题无法给出准确回答。同时，传统的问答机器人不能很好地理解上下文内容，无法准确识别用户诉求。大语言模型服务平台运用针对客服垂直领域进行微调的 L2 模型与向量数据库，根据客户的提问抽取知识点中的精确内容或者横跨多个知识库条目，解决传统问答机器人不能精准匹配问题的痛点（见图 7–6）。同时，相较于传统机器人，大语言模型能够支持多轮对话，结合上下文了解客户真实需求，也让回答话术更具拟人化色彩，保证客户忠诚度及黏性的同时使回答准确率大幅提升。

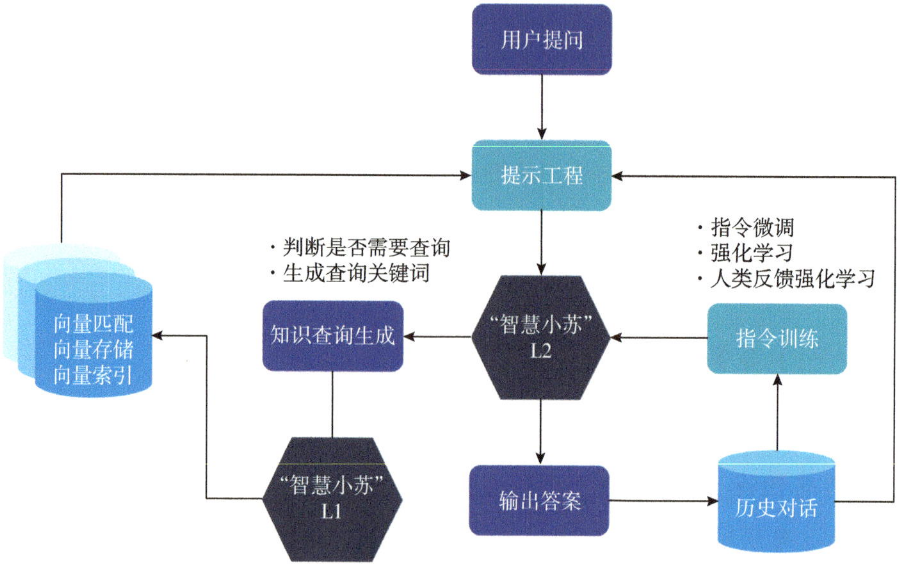

图 7-6 L2 大语言模型服务平台客服解决方案

资料来源：江苏银行。

（2）代码补全

基于“智慧小苏”大语言模型服务平台 C 系列模型结合自研 IDE 自主开发的代码补全插件，在应用交付江苏银行测试管理平台项目组上进行了试点应用，效果显著。测试管理平台的压力测试服务三层架构完全使用 AI 模型自动化编写与校验，除部分提示工程外，无人工编码干涉。代码补全成功完成了分布式压力测试、高并发处理等高难度的编程任务，体现出强大的代码编写能力，日均调用 1500 多次，大大提高开发效率，深度赋能软件工程与系统运维。

（3）智能办公

江苏银行开发了文档助手和移动智库两大功能，拓展了大语言模型的应用。文档助手结合 OCR、大模型等技术，实现扫描件、语音、电子表格和文本等多种类型素材的自动化提取，打通多类信息载体间的壁垒。同时，模型可对客户经理采集资料进行自动化分析总结，辅助其完成贷款申请、调查报告等文档工作，平均减少 30% 的填写时间，使客户经理能更专注于提升客户服务质量和业务发展。移动智库则整合了江苏银行内部知识库、规章制度、产品政策、操作流程等资料，扮演着智能中枢的角色，无论是前台的客户服务还是后台的操作支持，员工都能通过移动智库快速获取所需信息，提升业务的办理效率和准确性（见图 7–7）。

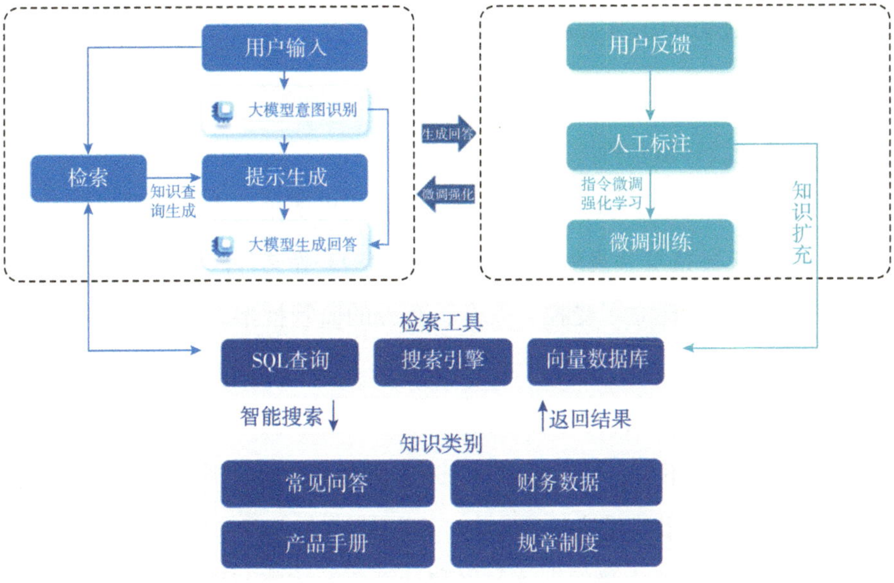

图 7–7 大语言模型移动智库解决方案

资料来源：江苏银行。

（四）数据要素

平台拥有非结构化数据、日志数据、向量数据、知识库数据、训练集数据 5 部分数据，通过人工标注与其他数据清洗技术对原始数据进行降噪，提高数据的可用性。

非结构化数据：包括文档、图片等不可直接处理为纯文本的数据，允许快速替换与更新，并在模型生成的回答中进行引用与溯源。

日志数据：包括经过人工标注的生产交互数据，例如用户正面与负面的反馈，通过人类偏好强化训练对模型进行优化，使回答更适合业务领域。

向量数据：包括各类知识库向量化后的数据，用于匹配相似知识与回答，减少模型可能存在的幻觉现象。

知识库数据：包括各类场景的内部知识库与内部问答库数据。

训练集数据：包括针对不同业务场景人工标注的训练数据集，进行版本控制与更新。

（五）案例适用场景及其组织和建议

1. 项目支持条件

（1）政策及环境条件

二十届中央财经委员会第一次会议明确提出要把握人工智能等新科技革命浪潮。《金融科技发展规划（2022—2025年）》等文件的发布也为银行业新技术的应用和创新建立了受控、安全、有界的监管框架，积极有序地引导大语言模型落地。

现阶段，国内高校与科技公司相继推出了许多优秀的开源模型，涵盖几十亿至上千亿参数不等，使大语言模型在商业银行的落地成为可能。

（2）数据集合及训练方法

大语言模型需要大量的训练数据和计算资源才能获得良好的性能，上百亿参数的大语言模型需要大量的算力硬件投入，包括配套的算力、存储和数据资源。同时，大语言模型的训练需要高质量的标注数据集，要求投入大量的人力进行数据清洗与标注工作。涉及专业业务知识的标注时，对数据清洗与标注人员素质的要求更高。江苏银行配有专业的人员及计算资源可以支持大语言模型平台的落地。

2. 大语言模型项目建设过程

“智慧小苏”大语言模型服务平台于2023年2月正式立项，于2023年5月正式上线，并在后续的一年时间内不断迭代完善。江苏银行充分利用开源大语言模型、模型训练数据和深度学习框架，降低平台的研发成本。从需求出发，对功能进行拆解分析，测试并匹配合适的底座模型与训练数据集。为满足行内多服务高速运行的需求，项目着重保障了高并发使用的设计落地。

在保障数据安全方面，江苏银行严格遵守国家和行业的数据安全规定，对所有数据进行加密、脱敏处理，并建立完善的数据安全管理机制。此外，为实时监测模型的运行状态和指标性能，构建了一套完整的模型训练和应用的监控系统。

3. 相关建议

（1）政策与法规

了解并遵守国家关于人工智能和大语言模型的相关政策和法规。参与标准制定，积极参与生成式人工智能相关国际规则的制定，推动行业健康发展。

（2）社区与合作

积极参与开源社区，共享资源，推动技术进步。同时跨学科合作，与语言学家、心理学家、伦理学家等跨学科专家合作，提升模型的全面性和可靠性。

（3）持续学习与更新

通过持续学习机制，使模型能够不断适应新的语言变化和应用需求。引入最新的研究成果和开源技术，优化模型的性能和业务逻辑，以适应不断变化的需求和挑战。

三、国投证券智能技术在投行业务审核中的应用

（一）案例概要

1. 需求与背景

传统投行工作中主要有三大痛点：银行流水核查、申报文件内容一致性审核和工作底稿版本控制。

在投行项目组的尽职调查工作中，所收集的银行流水数据量大、时间跨度长，各家银行的版式不统一，且大多为扫描件或照片，人工核查时需要肉眼识别，同时手工录入进行筛选核查，无法直接准确获取所需信息，单纯处理流水的时间可能长达数月，耗时耗力，并且易产生疏漏，导致核查工作不充分，从而可能引发监管关注甚至处罚。银行流水核查在投行业务中的重要性，外部监管规则对于银行流水核查的高度关注，以及银行流水工作的周期要求及复杂程度，均对银行流水智能识别及分析提出了更高的要求。

为进一步加强对投行类业务申报文件的管理，规范投行类业务文件申报工作流程，统一投行类业务文件申报的工作标准，同时防范申报文件经内部审核通过、签字盖章之后，项目组未履行相关程序而擅自改动的情形，给公司带来了被处罚的风险，投行委规定项目组对外报送的文件需由报送小组比对校验无误后，方可由专人进行报送。但是，由于文件报送量大，人工复核困难，迫切需要提高比对效率。

2. 内容

国投证券智能技术项目主要着手消除投行实际工作中的两个痛点，通过智能技术分别对银行流水核查、文档比对进行研究。

银行流水核查需要识别多种版面、样式、表头表尾的银行流水，然后对流水进行账户完整性检查、异常流水检查、资金交叉核对、资金往来比对、关联交易核查、资金流向核查。

文档比对需要对各级标题、目录、段落、页眉、页脚、表格进行解析，进行文档比对。除进行文本字面比对外，还需要具备比对深层次语义匹配的能力。在有些业务场景下，需主要关注两篇文档的具体差异，而对段落顺序差异可以不考虑。与普通文本不同，表格是一种结构化数据。在比对时，可以先判断两个表格的相似度，如行列是否相同、是否存在对应关系，再比较对应单元格。

3. 用途

国投证券智能技术项目的建设目标主要在人工智能机器学习与智能计算框架的基础上，采用基于深度学习的金融文档语义分析和自然语言处理（NLP）技术，实现申报材料智能比对、银行流水智能核查，解决申报过程中文件的数据不准确、前后申报文件有差异等问题，确保文件质量、降低投行劳动强度和提升工作效率，可以广泛应用于首次公开募股（IPO）、新三板挂牌及重组、发债、配股等再融资项目申报全流程。

（二）技术架构

1. 金融领域 OCR

综合利用图像处理和计算机视觉技术对输入图片进行平移矫正、旋转矫正、倾斜矫正、透视矫正、灰度变换；使用最前沿的文字检测、表格检测技术来识别出文字行、文字段落、表格、分隔线、图像等；使用 CRNN、Attention OCR 等最前沿文字识别算法，结合诸如 Bi-LSTM、BERT 这类 NLP 技术来识别文字，字符识别效果达到行业顶尖水平。

2. 融合 OCR 和 NLP 提升识别效果

有别于传统的纯 OCR 技术，本项目优化了 OCR 的图片文字处理技术，集成了深度学习和序列标注等 NLP 技术，可准确识别、解析图片中的文字内容，对图片解析出的文字进行形近字识别、纠错，相比传统 OCR 技术，更能提高图片解析的准确率。例如："人名币"和"人民币"，经过大语言模型处理后，识别出的结果为"人民币"，因为"人民币"才是一个正常的词语。通过将 OCR 技术与 NLP 技术的有机融合，将各类图片、扫描件等非结构化文档中的文本信息进行准确识别，实现技术的创新以及效果的提升。

3. 表格解析技术

本项目基于大量的投行文档样本，采用像素级别的图像分割算法、文本框分配算法，并基于流水表格的拓扑结构及表头的一致性规则，在复杂表格识别方面进行技术突破。技术要点包含线条检测 、无线表格识别、跨页表格合并。

4. Layout 文档理解技术

文档智能理解是一种针对扫描文件或数字商业文档（图像、PDF 文件等）进行理解并分析，同时将其中的非结构化信息进行抽取和结构化的技术。与传统的信息抽取技术不同，LayoutLM 的主要特点在于，在输入阶段直接引入图像信息，利用多模态预训练框架对文本、图像和布局信息进行文档智能化处理。

5. 文档比对算法

本项目使用的文档比对算法是在获取到文档结构信息后，使用哈希算法为文档中每一个段落、标题、表格生成唯一的哈希码，再通过内容、位置、字体大小等信息计算出最相似的一串（段落、标题、表格）文本对，获得待比较的文本对后，使用 Needleman-Wunsch、LCS 等序列比较算法，综合得到两段文本间的差异点（插入、删除、替换）。

（三）业务场景

1. 场景介绍

（1）银行流水核查场景

企业银行账户完整性核查：投行业务人员从发行人基本户开立银行查询并打印发行人《已开立银行结算账户清单》，与发行人银行账户进行核对，对发行人开立的银行账户进行函证，列明报告期内发行人各类型账户数量情况。

资金往来流水核查：获取报告期内公司全部银行账户流水，将各账户的年度收入支出总金额与公司账面银行账户的年度借贷总额进行核对，同时对报告期内全部银行账户按照银行流水顺序进行随机抽查。核对实际收付款方名称，如收付款方为员工或个人的，关注是否是用个人账户进行贷款收支，关注是否属于关联方资金占用或转贷行为；若收付款方与公司不存在业务关系，关注是否为潜在关联方或出借银行账户，是否存在频繁的进出、大额的销售等异常现象。

关联方资金核查：发行人可能通过关联方虚构交易或进行自我交易，虚增了销售收入和利润，核查人员可要求发行人协助提供关联方的资金流水进行核查。

现金交易核查：对于存在频繁、大额等异常现金交易的，应核查现金交易的合法性、必要性及合理性。

（2）申报文档比对场景

在涉及证券文书报送的工作中，不同文档间信息交叉核验是高频需求。项目文件庞杂，如果发生内容删改不易被察觉，给内控制度的完善带来重大挑战。因此，需要使用智能化的文档比对系统，帮助项目组、质控、内部审核、合规、风控等部门的工作提质增效，也可保障文档报送前的准确性、一致性，在投行的日常流程审批（立项申请、内部审核申请、文件审批、合同审批、底稿审批）等环节，嵌入文档一致性比对功能，针对同一个流程附件的不同版本进行比较，方便审核人员查看差异和防篡改。

2. 解决难点

（1）银行流水核查场景的难点

① 流水核查中的高耗时操作。流水核查中最耗时的操作，集中在将扫描版银行流水完成数字化转换的过程。由于核查涉及的开户银行众多，银行流水的版面、样式、表头表尾、打印环境千差万别，因此简单工具对识别帮助非常有限，这一步需要耗费大量的高素质人力资源完成修正与抄录工作，由于发行人涉及的银行流水数据规模极其庞大，完成扫描版流水的数字化转换需要极长的时间。

② 流水核查中的高难度操作。难度最高的工作，在于交叉核对、资金往来比对、关联交易、资金流向、异常流水等问题的发现。由于核查对象的资金往来关系复杂，账目问题若隐若现，核查此类问题像大海捞针，单凭人脑人眼记忆与搜索，难度极高。关联交易的资金往往会多次流转，流转过程中还会拆分或合流，单凭人类的数据处理能力，根本无法完成此类关联交易的挖掘任务。

（2）申报文档比对场景的难点

① 通用类型比对无法满足交叉核验需求。通用比对无法满足复杂的投行业务文档处理需求，需要实现多文件的交叉核验，比如撰写一份招股说明书或债券募集说明书，业务人员需要同时参考第三方机构出具的审计报告、法律意见书、评级报告等文件，确保引用内容与原文一致。关乎招股说明书和债券募集说明书的准确性，例如债券募集说明书中的财务部分，需要参照审计报告进行改写，关键财务指标数据可能参考了审计报告的多个章节。

② 单一比对能力无法满足业务的复杂比对需求。对于投行大批量的文档

比对需求，复杂性和多样性给比对能力的应用带来巨大挑战，经过调研发现，场景比对的复杂需求有：单栏文档与双栏文档比对、单栏文件与双栏文件比对、影印件与电子原件比对、影印件与影印件比对、含水印文件比对、指定页面比对、段落颠倒比对等。

3. 解决方案

（1）银行流水核查场景的解决方案

持续关注文档智能处理技术的发展并充分挖掘场景诉求，在银行流水数字化转换问题上不断进步，同时尝试用多维度的数字化流水分析引擎主动核查异常流水并提示用户。

① 银行流水结构还原。包括银行流水专用 OCR、银行流水表结构还原（见图 7-8）、银行流水字段内容归一化等。

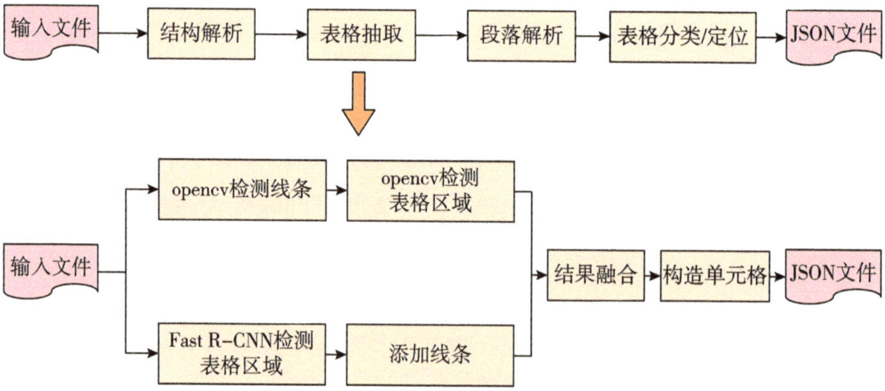

图 7-8 银行流水表结构还原

资料来源：国投证券。

② 银行流水风险审核归纳。系统中内置了多条审核规则，支持指标自定义，帮助业务人员快速发现异常流水。

（2）申报文档比对场景的解决方案

通过结合 NLP、OCR 等人工智能技术，以智能化方式解决文档比对中的核心痛点问题。可以支持 PDF、Word、扫描件、图片、TXT 等多种类型文档间的交叉比对，快速检测文档之间的差异，更直观、更方便、更安全地审阅文档之间的差异（见图 7-9）。

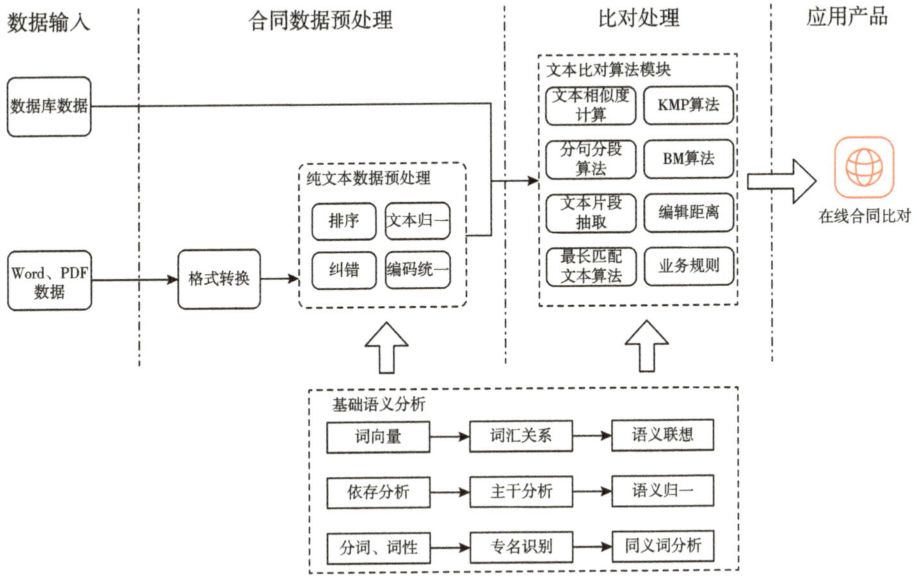

图 7-9　申报文档比对场景的解决方案

资料来源：国投证券。

4. 项目收益

本项目从银行流水智能审核、文档一致性比对等场景切入，初步构建了投行智能核查系统，并结合投行委项目组、质控、内部审核和风控人员的丰富经验，致力于在注册制改革的背景下，以金融技术创新提升项目组工作效率和效果，赋能中后台审核，为公司投行业务合规平稳发展保驾护航。项目功能的创新性主要体现在以下三方面。

①在平台构建方面，打造了基于金融文本智能处理场景的智能投行工作平台，在流水识别、文档比对等方面进行技术创新，提升文本处理效率。

②在系统功能方面，紧密结合投行工作场景，覆盖智能底稿、流水核查、文档比对等与投行业务需求紧密相关的功能模块，切实提升投行业务人员的工作效率和准确度，降低监管风险。

③在流程融合方面，各模块的文本处理能力融合到现有的业务流程中，对流程节点中的数据进行自动分发，形成完整的业务闭环。

（四）场景组织

未来计划充分运用公司 OCR、NLP 底层能力，整合“读、写、审、搜”4

类文本处理能力，围绕投行业务流程打造一套全流程的智能投行综合解决方案。

1. 项目尽职调查阶段

银行流水智能核查系统可辅助业务人员更高效地进行 IPO 审核业务中的流水真实性、完整性核查，并完成各维度流水数据的分析。随着数据的丰富和文本处理能力的拓展，银行流水数据将结合多维工商数据进一步进行资金闭环、异常交易、异常核查，同时可从银行流水数据出发开展函证覆盖率检查、穿行测试等尽职调查工作。

针对尽职调查过程中的大量底稿文件（如征信报告、借款合同、融资租赁合同、土地证、房产证、保证担保合同、抵押担保合同、不动产评估报告、转账凭证、审计报告等），融合 OCR、NLP、IDP 等技术的底稿结构化模块，可将业务关注的关键信息从相应底稿文件中抽取出来，抽取到的关键信息可按照投行底稿编制要求，自动生成核查过程相应的工作底稿，如发行人资产情况以及关于对外担保、资产受限、有息债务及募集资金使用情况的核查。

同时，可将底稿文档经 OCR 解析、版面分析及内容结构化解析的结果，与底稿目录章节、招股书内容建立对应关系，以供机器检索抽取数据更有针对性，并可按照用户角色相关度、业务内容相关度来优化排序结果及展示方式，实现底稿智能搜索、文档协同。

2. 项目申报阶段

在项目申报阶段，投行文档智能撰写系统可通过手工配置基础信息、外部数据对接、资料援引、财务数据自动“刷报”等方式，合并发行人报告期内的财报，计算各科目占比、科目变动及变动比率，计算监管要求的财务指标，根据数据更新相应的描述语句，并按占比、增减幅度提示重点关注科目，辅助进行投行文档的撰写工作，为项目组减轻文档撰写压力。

投行文档复核系统可为债券承做业务、股权业务中的报送文件作全方位、一致性审核，以确保报送文件中的主文档，即债券募集说明书、招股说明书披露的准确、完整与合规，尽可能找出其中的错别字、标点、数字披露冲突、相似段落引用比对等。

此外，利用智能文档比对，可有效对项目组、质控、内部审核等部门工作文件进行版本管理，最大程度控制内容删改等操作风险，在投行立项申请、内部审核申请、文件审批、合同审批、底稿审批等工作环节中保证核查意见一以贯之，并保障最终提交的报送文件的准确性、一致性。

3. 问询反馈阶段

项目组收到问询函并进行回函时，可利用智能文档比对系统将项目组回函与问询函内容进行比对，确保回函问题覆盖完整无误。如涉及募集书或招股书修改，同样可对回函内容与申报文件反馈稿进行比对，实现一一对应。

4. 受托管理、持续督导阶段

在项目受托管理、持续督导阶段，投行文档撰写可辅助项目组完成定期报告、临时报告的生成，减少重复工作；在报告完成后，可利用投行文档复核系统对报告进行基础错别字、数字格式、段落顺序、标点等纠错，最大程度保障披露文件的准确性。

第八章 金融公司业务赋能

一、东方财富妙想金融大模型赋能金融科技全场景

（一）案例概要

1. 基本情况

东方财富妙想金融大模型是由东方财富自主研发的金融行业大语言模型，于 2024 年 1 月正式上线，在专业投资顾问服务、深度财经要闻分析、定制化财富管理、内容机会挖掘等金融场景上达到世界先进水平。

东方财富妙想金融大模型旨在为广大投资者提供全方位的投资顾问服务和财经要闻分析，以及定制化的财富管理和内容机会挖掘。无论是初对投资产生兴趣的零经验投资者，还是具有丰富经验的资深投资者，都可以通过东方财富妙想金融大模型获得专业的投资建议和指导，实现全程无忧的投资陪伴。作为一款智能助手，东方财富妙想金融大模型还有自由对话的功能，用户可以随时与其进行交流，探讨金融领域的各类话题。无论是关于股票、基金、债券等投资品种的分析，还是关于宏观经济、行业动态、政策解读等方面的讨论，它都可以为用户提供及时、准确的信息和见解。除了投资领域，金融大模型还可在机器翻译、内容生成和创作助手、信息抽取和知识图谱、聊天机器人和社交媒体等场景应用。无论是帮助用户翻译外文资料，还是辅助用户生成优质的内容，东方财富妙想金融大模型都可以提供高效、准确的支持。同时，它还可以帮助用户从海量信息中提取有价值的内容，并构建知识图谱，为用户提供更加智能化的服务体验。凭借这些

先进技术，东方财富妙想金融大模型不仅极大地便利了专业投资者的信息处理工作，而且随着金融市场的发展和技术的进步，其市场前景广阔，商业潜力巨大。

目前东方财富妙想金融大模型已经为Choice金融终端的PC版和App实现智能化赋能，服务了超过100万位专业投资者，赋能2万余家金融机构，并获得各类用户的高度认可，不仅为专业投资者提升用户体验，也为金融机构提供了强大的技术支持，后续也会为更多金融工具赋能，进而推动金融行业的创新和发展。

2. 项目亮点

（1）更快：AI研报总结“一目百篇”，搜索整理提效百倍

AI研报总结功能能够快速分析并总结上百篇研报，提供全面的观点聚合和投资要点，极大提升了研报阅读的效率。AI搜索通过理解用户意图，智能挖掘和优选相关资讯、研报、公告等内容，将其归纳总结成有条理的答案，显著提高了搜索效率。AI债券资讯通过实时推送和智能预警雷达，为用户提供债券市场的全面动态和资讯，支持一键订阅和邮件推送，帮助用户快速获取关键信息。

（2）更全：AI助手带来一站式智能投研体验

基于东方财富妙想金融大模型的Choice智能金融终端8.0版本为专业投资者提供了一站式的工作流平台，AI助手贯穿了从信息搜集到交易报价的整个投研流程。AI投研助手通过全局搜索、资讯、研报、公告的全面融合，为投研带来全流程的智能化体验。AI债券交易助手深入债券交易业务，提供多模态语料识别和报价系统数字化集成管理，帮助用户发现交易机会。

（3）更准：业内首度全程溯源展示、关联定位跟踪、信源品质精准

基于东方财富妙想金融大模型的Choice智能金融终端的“AI问答”智能体能够根据用户提问获取关联的实时行情、财务分析等信息，实现精准筛查和动态跟踪，确保了信息的全程可溯源和数据可定位。AI研报总结利用东方财富妙想金融大模型进行文档总结提炼，通过多模态组合展示，提供直观的信息呈现，确保了数据的准确性和信息的安全性。

（4）更高效：东方财富妙想金融大模型引领智能时代投研提质增效

基于东方财富妙想金融大模型的Choice智能金融终端通过七大智能业务场景，实现了投研、投顾和投资的智能提效。同屏展示和一键打通工作流，结合自然语言交互，提升了信息交互的效率。大模型和大数据技术的应用，提高了数据治理的安全性和管理效率。AI+数据的多场景交互和多端口交互，降低了投研和交易操作的综合成本，提升了金融场景运行的效率。

3. 项目特点

①十大通用能力：包括交互对话、情感分析、实体识别等，它们共同构成了一个多维度的智能分析和交互系统。例如，通过交互对话能力，模型能够与用户进行流畅的交流，理解并回应用户的需求；情感分析帮助模型识别文本中的情绪倾向，为市场情绪分析提供依据；实体识别能力确保了模型能够准确捕捉文本中的关键信息，为进一步的数据分析打下基础。

②十大金融场景：包括智能投研、智能交易、智能舆情等功能场景，不仅提高了金融服务的效率，也增强了决策的科学性。智能投研通过分析大量数据，为投资者提供深入的市场洞察；智能交易利用算法自动化执行交易策略，降低操作风险；智能舆情实时跟踪市场动态，为投资决策提供实时信息支持。这些场景的应用，体现了模型在金融领域的专业性和实用性。

③六大模型优势：包括自主可控、数据安全、数据资产等优势，确保了模型的独立性、安全性和数据的丰富性。自主可控意味着模型从数据生产到算法开发再到模型训练均由东方财富自主完成，这不仅保障了技术的创新性，也确保了模型的适应性和灵活性。在数据安全方面，通过数据全量审核和用户数据脱敏等措施，保护了用户隐私和数据安全。而数据资产的丰富性，为模型的训练和优化提供了坚实的基础。这些优势共同构成了东方财富妙想金融大模型在金融科技领域的核心竞争力（见图8-1）。

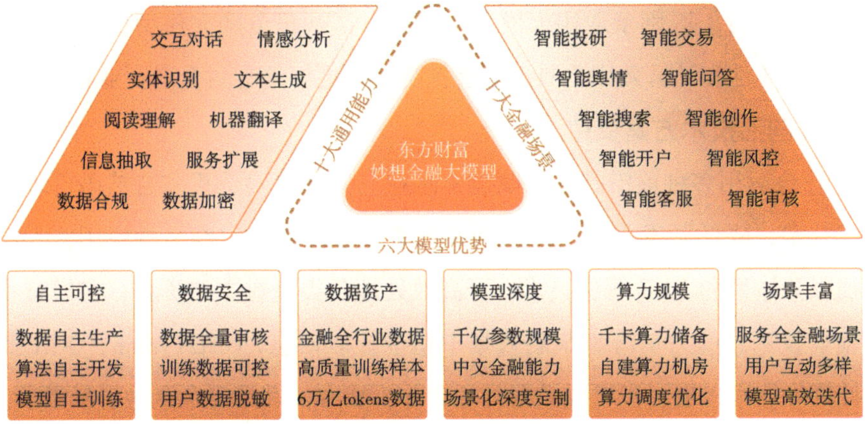

图 8-1 东方财富妙想金融大模型的特点

资料来源：东方财富。

（二）技术架构

东方财富妙想金融大模型的技术架构由以下层次构成（见图 8-2）。

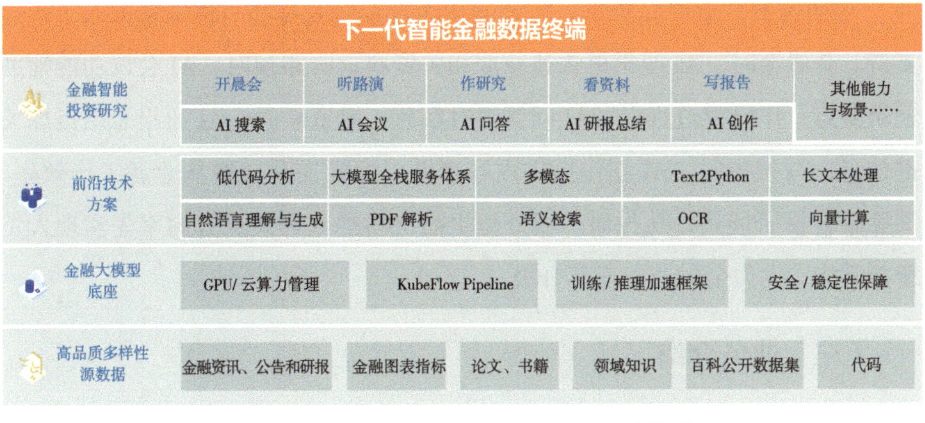

图 8-2 东方财富妙想金融大模型的技术架构

资料来源：东方财富。

1. 金融大模型底座加持

东方财富妙想金融大模型作为核心支撑，具备多方面关键能力。在算力管理上，通过 GPU/ 云算力管理，保障模型运行的高效计算资源供给；利用 KubeFlow Pipeline 实现工作流的自动化与规范化；训练 / 推理加速框架则大幅提升模型处理速度；同时，安全 / 稳定性保障机制确保模型在复杂环境下稳定、安全运行。区别于通用大模型，东方财富妙想金融大模型更聚焦金融领域，在专业性和计算效率上具备显著优势，能更好地应对金融行业特性需求。

2. 前沿技术方案支撑

综合运用多种前沿技术，赋能金融业务。低代码分析和自然语言理解与生成技术，降低开发门槛，提升开发效率，方便快速定制金融应用；大模型全栈服务体系和 PDF 解析技术，可高效处理各类金融文档资料；多模态和语义检索技术，助力从海量金融数据中精准提取信息；Text2Python、OCR 及向量计算等技术，进一步增强数据处理和分析能力，满足复杂金融场景需求。

3. 高品质多样性源数据接入

能够整合金融资讯、公告和研报、金融图表指标、论文书籍、领域知识、百科公开数据集及代码等高品质多样性源数据，实现数据的集中管理与深度挖掘，为后续分析和应用提供丰富、准确的数据基础。

4. 金融智能投资研究赋能

全面覆盖投资研究场景，为金融智能投资研究各环节提供强大人工智能支持。开晨会时，AI 搜索可快速获取相关资料；听路演时，AI 会议功能辅助记录要点；作研究过程中，AI 问答随时解惑；看资料时，AI 研报总结提炼关键信息；写报告时，AI 创作提供内容辅助，大幅提升金融从业者工作效率，深度融合投研场景，从投研、场外衍生品交易提效等重点方向率先实现人工智能赋能，助力金融业务变革升级。

（三）业务介绍

1. 业务对象

东方财富妙想金融大模型的业务对象主要为全体金融机构用户群体。围绕机构用户在投资、投研、投行等业务开展过程中的五大核心场景（信息获取、信息阅读与处理、研究分析、报告写作、投资交易），综合利用人工智能技术打造智能化终端产品及相关应用模块，帮助金融机构用户提升工作效率，减少重复性工作时间投入，聚焦关键投研环节，从而提升投研水平和服务质量，助力高质量的证券市场发展及服务体系建设，同时也进一步提升东方财富妙想金融大模型的产品竞争力、用户满意度和市场占有率。

2. 典型应用场景举例

（1）股票分析

股票分析模块主要从个股角度出发，利用自研大模型，既可以对单只股票的基本面、技术面、消息面进行单独分析，也可以综合各个维度对单只股票进行全面分析。

基本面诊股注重从股票的盈利能力、成长能力、营运能力、现金获取能力及偿债能力方面进行分析，注重公司的实际经营状况，为投资决策提供扎实的基础。该模块不仅关注当前数据，更注重公司的长期发展趋势。东方财富妙想金融大模型可以通过对公司基本面的深入研究，辅助投资者对公司未来的发展作出更准确的预判。

技术面诊股主要从股票的短期行情、资金流向、技术信号等方面进行分析，技术分析主要关注市场的实时交易数据，能够及时反映市场的最新动态。并且技术面诊股侧重于对市场趋势的跟踪和预测，东方财富妙想金融大模型通过识别趋势线、支撑位和阻力位等关键技术信号，辅助投资者更好地把握市场的走势。

消息面诊股主要分析股票市场中与公司相关的各种新闻、公告、事件等公开信息。在消息面诊股中，东方财富妙想金融大模型可通过及时帮助投资者关注公司公告和新闻报道来辅助投资决策。

综合分析则是综合以上所有维度，从各个方面分析单只股票的优缺点，辅助投资者更全面、更深入地诊股。

（2）特色分析

东方财富妙想金融大模型建立了特色分析模块，该模块挑选一些对于投资有价值、用户更关注的角度进行深入智能分析，包括对比多只股票，从个股估值、机构对个股的观点、个股涨跌原因、用户自选股等角度为用户提供更多有用信息。

股票对比模块注重对多只股票进行不同维度的对比分析，帮助投资者了解各个股票的优缺点，发现具有较高成长性和投资价值的股票，提高投资效率。

估值分析模块主要对股票的估值情况进行深入分析，可根据用户意图，对个股估值作多方面、多维度的比较和分析，以便用户及时了解相关情况。

机构观点主要分析机构对个股的观点态度，机构通常拥有专业的分析师团队，能够深入研究和分析个股的基本面、财务状况、行业前景等方面的信息，从而给出较为权威的投资建议和预测。东方财富妙想金融大模型可通过对机构投资者给出的信息进行分析，减少用户由于信息不对称带来的投资风险，帮助投资者更好地理解市场和个股的发展趋势，从而作出更为明智的投资决策。

涨跌分析主要分析某只个股最近的行情趋势，并判断造成该行情趋势的原因，通过东方财富妙想金融大模型对股票涨跌原因的分析，投资者可以更好地理解市场的运行规律，了解市场对某只股票的态度，从而作出更为明智的投资决策。

除此之外，东方财富妙想金融大模型还设置了自选分析模块，若用户打开了自选权限，则在该模块中，东方财富妙想金融大模型可以对用户的所有自选股进行综合分析，识别出可能有利好和利空趋势的自选股，辅助用户规避风险，加深对自选股的了解。

3. 研报总结

在研究过程中，投研群体需要阅读大量的资料。据统计，一个投研人员一年的专业内容阅读量累计会超过千万字。其中一个很重要的部分是阅读研报，这是投研人员了解行业、个体公司、业内观点等信息的重要方式，却长期面临研报数量太多、人工阅读效率过低的问题。传统金融终端只具有研报收集能力，缺乏内容分析能力；通用大模型存在专业概念理解不强、总结失真等局限性，且在研报来源获取与多篇研报横向对比上有较大不便。

东方财富妙想金融大模型智能研报总结，为研报阅读带来了前所未有的高效体验。东方财富妙想金融大模型自带海量研报库，输入个股名称即可获取所有研报，省去上传多个研报文档的步骤；可在同一时间快速总结 100 多份研报，为研报整理提效。与机械式的文本解析不同，东方财富妙想金融大模型拥有更佳的阅读理解功能，能自动生成目录导航，包括机构核心观点速览、公司事件点评、深度研究等核心要点，按照时间线进行梳理，帮助用户快速定位到想要查看的内容。

用户只需10分钟就能看完以往需数小时才能看完的内容，并且所有观点都支持原文追溯。另外，该模型还支持多方研报观点聚类、寻差异，避免重复性观点多次阅读，同时随时可以进行研报内外信息的交互问答，快速拓宽研究视角。

（四）数据要素

1. 数据种类

东方财富妙想金融大模型的数据库是一个全面而专业的金融数据集合，覆盖了多种市场和金融品种。沪深上市公司的详尽数据，为投资者提供了上市公司的全面信息和关键指标；新三板数据，为关注中小企业的投资者提供了重要的市场信息；科创板数据，专注于科技创新型企业的动态和表现；公募基金数据，涵盖基金的净值、持仓、业绩等关键信息；投资理财数据，为用户提供了理财产品的收益、风险评估等数据；综合资讯数据，包括市场新闻、政策变动等，帮助用户及时了解市场动态；债券数据，提供了债券市场的深度分析和估值信息；宏观行业数据，涵盖了宏观经济指标和行业发展情况，为宏观经济分析提供了数据支持；期权期货数据，为衍生品市场的参与者提供了实时的交易数据和市场分析。这些数据种类的广泛性和深度，使得东方财富妙想金融大模型能够为用户提供一个全面、多维度的金融信息视角，满足不同用户的需求。

2. 数据优势

东方财富妙想金融大模型的数据优势体现在其海量且精准的数据资源上，为金融分析和决策提供了坚实的基础。

一是报价数据，涵盖中国外汇交易中心（CFETS）所有品种的报价、6家货币经纪商的实时报价、中国金融期货交易所国债期货的实时报价，以及中资美元债的实时估价等。此外，还包括了票据转贴现的实盘报价原文、芝加哥商品交易所全球国债期货的实盘报价，以及私域报价的收集，确保了用户能够获取到全面且实时的市场价格信息。

二是估值数据。提供了中债全部品种的估值、中证债券的实时估值、中国外汇交易中心所有品种的估值，以及YY信用债的评分，这些数据为投资者提供了债券价值的参考，帮助他们更好地评估投资风险和回报。

三是资讯数据。提供每天 2000 篇舆情快讯、每周超过 7000 份券商研报、每周 50 多场券商路演和每月 20 多场论坛峰会的信息，这些资讯数据不仅量大，而且更新速度快，为用户提供了及时的市场动态和深度分析。

四是债券数据。拥有 9 万只存续债券、30 万只全量债券的数据资源，以及 2000 个债券指标和 3000 多个地方债务指标，特别是独家的地方债务经济数据指标库，为用户提供了深入的债券市场分析工具。

五是发行人数据。包括 7000 家存量发行人、14000 家全部发行人的数据，以及 1800 个发行人指标和 2500 个财务指标的独家发行人指标库。

六是宏观数据。提供了 2300 多条收益率曲线、20000 多个利率指标，以及全球主要经济体的宏观经济数据，为宏观经济分析和市场趋势预测提供了强有力的数据支持。

综上所述，东方财富妙想金融大模型通过其全面、精准的数据优势，为用户提供了一个强大的金融信息平台，帮助用户在复杂多变的金融市场中作出更加明智的投资决策。

3. 数据工作存在的挑战与应对方案

一是数据采集。面对多领域海量数据的多样性和质量不均一性，本项目采用分布式爬虫技术高效集成多源数据。策略包括 API 调用、网页抓取等，以适应不同数据源。数据采集后，通过预处理步骤，如编码转换和文本清洗，对原始数据进行格式化，确保数据的一致性和可用性。针对公开数据集常见的压缩格式，项目建立了专门的解压集群，利用任务调度机制实现大规模并发解压。对于 PDF、ebook 等特殊格式，开发了转换模型和程序，通过并行处理提高数据整合效率。

二是数据清洗与去重，面对获取的多语种数据中的无效、违规内容及重复问题，本项目实施了一套高效的语料清洗和去重流程。首先，通过黑名单过滤非法网站，利用 HTML 抽取库剔除非正文内容，如代码标签和导航栏。接着，应用语言识别模型筛选出主要语种，并根据关键词黑名单和特征识别规则去除广告、违规及非主体内容。此外，利用机器学习模型进一步识别低质和无意义数据。在数据去重方面，采用 MinHash 和 LSH 算法进行篇章级全局去重，通过构建指纹库和召回比对快速识别并去除重复内容，调整参数，确保 90% 以上概率去除相似度超过 80% 的内容。同时，使用后缀数组技术进行句子级别的精确去重，确保去重的准确性和效率。这一系列策略有效避免了算力浪费，缩短了大模型预训练周期。

三是预训练语料低质、违规识别。面对语料库中违规和低质内容的高准确率识别挑战，本项目采用了闭环的分类模型训练策略。独立训练的中英文轻量级 BERT 模型通过初始人工标注和 ppl 跑分确定阈值来识别低质内容，收集样本进行初始训练。尽管初始模型精度有限，但通过持续的人工标注和样本优化，模型能力得到逐步提升。对于违规内容，初始阶段利用违规词库筛选，随后通过模型训练和人工标注相结合的方式，不断优化模型以提高识别精度。这一流程确保了模型在处理中英文内容时能够有效识别并过滤掉违规和低质信息。

四是数据标注与验证。在语料处理过程中，面临自动化标注准确度有限与手动标注成本高昂的双重挑战。为解决这一问题，本项目采取了结合自动化和人工标注的策略：先利用低质、违规模型与自动化工具进行初步标注，然后由领域专家进行细致的二次校对，以确保标注的准确性。此外，通过实施交叉验证和样本抽查，对标注质量进行评估，并根据反馈进行迭代优化，从而在提高标注效率的同时，确保了标注结果的高质量。

五是算力资源管理，处理万亿级别 tokens 的挑战在于需要庞大的计算资源以及高效利用这些资源。为此，本项目构建了一个恰当算力的大数据集群，并利用 DolpinScheduler 来构建任务工作流，实现计算资源的动态调整和优化处理效率。这种工艺设计方案不仅提高了处理速度，还有助于控制成本，为大模型训练前的语料处理提供了坚实的基础，确保训练过程顺利进行。

（五）案例适用场景及其组织和建议

1. 案例适用场景

①客户服务与交互：东方财富妙想金融大模型能够通过自然语言处理技术提升客户服务体验，自动回答客户问题，提供个性化的投资建议，以及处理交易过程中的问题。

②市场分析与预测：利用大数据分析和机器学习算法，东方财富妙想金融大模型能够分析市场趋势、预测股票价格变动，为投资者提供决策支持，同时帮助金融机构进行市场风险评估。

③智能投研：东方财富妙想金融大模型能够处理和分析大量的金融数据，包括财务报表、市场新闻、研究报告等，自动生成投研报告，辅助投资决策。

④风险管理：东方财富妙想金融大模型可以应用于信用评估和风险控制领域，通过分析企业和个人的财务数据，预测违约风险，帮助金融机构制定风险管理策略。

⑤产品推荐：根据客户的交易历史、风险偏好和市场表现，东方财富妙想金融大模型能够智能推荐适合客户的金融产品，如股票、基金、债券等。

⑥监管合规：在金融监管领域，东方财富妙想金融大模型能够帮助金融机构遵守法律法规，通过实时监控交易行为，识别潜在的违规操作。

⑦运营优化：金融机构可以利用东方财富妙想金融大模型来优化内部运营流程，比如通过自动化报告生成、数据分析等方式提高工作效率。

⑧个性化内容生成：东方财富妙想金融大模型能够根据用户的行为和偏好生成个性化的金融新闻、市场分析等内容，提升用户参与度和满意度。

⑨智能交易：在高频交易等场景中，东方财富妙想金融大模型可以实时分析市场数据，快速作出交易决策，执行自动化交易策略。

⑩金融行业教育与培训：东方财富妙想金融大模型可以作为金融教育工具，通过模拟交易、案例分析等方式帮助用户学习和理解金融市场。

2. 案例适用条件

①技术团队基础：需要复合型技术团队作为支撑，能够应对金融大模型使用过程中的各种问题挑战。

②技术储备基础：需要拥有自主研发的网络核心技术，特别是在大数据领域的前瞻性技术，如分布式计算、数据分析挖掘、可视化、数据采集清洗、机器学习、深度学习框架等关键领域，为大模型的优化升级提供了坚实的技术储备。

③资金投入基础：需要持续投入与维护，保证东方财富妙想金融大模型顺利运行。

④网络设施基础：需要拥有足够的网络设施，包括服务器、网络设备，以及相关工具软件，如 Eclipse、Visual Studio、NetBeans 等。

⑤组织基础：大模型的成功实施需要跨部门的紧密协作，包括技术、业务等部门的共同努力，以确保数据收集、模型训练和应用过程中的各个环节能够顺畅进行，从而提高整个项目的效率和效果。

3. 相关建议

①数据质量与安全：确保输入模型的数据具有高质量和准确性，同时加强数据安全措施，保护用户隐私和公司机密信息。

②用户定制化服务：通过分析用户行为和偏好，提供个性化的金融服务，增强用户体验，提高用户满意度和忠诚度。

③持续技术迭代：随着金融科技的快速发展，应持续对模型进行技术迭代和优化，以适应市场变化和用户需求。

④跨部门协作：加强技术、业务等部门之间的协作，确保数据收集、模型训练和应用的高效协同。

⑤风险管理与合规：利用模型加强风险管理和合规监控，及时发现并处理潜在的风险和违规行为。

⑥教育与普及：通过教育和培训，提高用户对金融大模型的认识和理解，普及金融知识，提升金融素养。

⑦性能监控与优化：定期对模型的性能进行监控和评估，及时发现并解决性能瓶颈，确保模型的高效运行。

⑧多场景应用开发：探索模型在不同金融场景下的应用，如保险、信贷、资产管理等，拓宽服务范围。

⑨伦理与社会责任：在使用大模型的过程中，应考虑伦理和社会影响，确保技术应用符合社会价值观和道德标准。

⑩国际化视野：考虑将模型服务扩展到国际市场，适应不同国家和地区的金融法规和市场特点。

二、蚂蚁凤凰大模型打造客户端蚂小财和金融专家端支小助

（一）案例概要

1. 基本情况

蚂蚁集团基于金融场景大量实践，以大模型为认知和交互中枢，调用领域知识和专业服务，构建了独特的“大模型 + 知识 + 服务”架构范式，为全链条金融业务提供“知识力”“专业力”“语言力”，以及结合可信围栏技术实现的“安全力”。在此基础之上，蚂蚁集团搭建了“1+2”的大模型能力和应用矩阵，包括蚂蚁凤凰大模型和两个产品应用，分别是蚂小财（智能金融服务助理）和支小助（金融业务助手）。蚂蚁集团进行了全栈矩阵布局（见图 8–3），旨在为金融科技领域提供严谨、专业、合规的强大技术支持和解决方案。

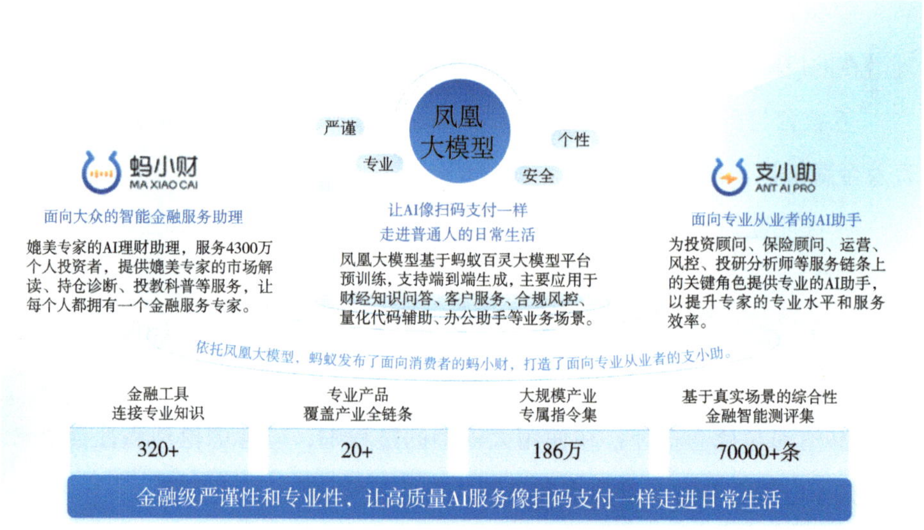

图 8–3　蚂蚁凤凰大模型及其产品布局

资料来源：蚂蚁集团。

2. 蚂蚁凤凰大模型介绍

蚂蚁凤凰大模型于 2024 年初通过中央网络安全和信息化委员会办公室

大模型备案。蚂蚁凤凰大模型专注于专业领域，基于百亿级通用语料和百万级专业指令集进行精细调整。运用全流程安全技术和多环节校验，确保隐私、安全和合规性。融合专业知识和专家逻辑，训练模型达到专业工作流标准，以实现在专业任务上媲美人类专家。

蚂蚁凤凰大模型参与了中国信息通信研究院组织的可信 AI 大模型标准符合性验证，并最终获得当前最高评级 4+ 级。此次验证依据《大规模预训练模型技术和应用评估方法》开展，涉及三大能力域、8 个能力子域、60 余个能力项，多维度验证各个大模型在金融场景、场景性能和人效优化方面的场景丰富度，重点考察大模型在语言、语音、视觉、多模态任务等方面的能力支持度，全方位评估大模型在金融数据合规性、模型可控性、服务可靠性方面的应用成熟度。蚂蚁凤凰大模型在各个维度上均达到优异水平。

（二）蚂小财

蚂小财作为新一代智能金融服务助理，致力于为用户提供透明、可信赖的金融服务，提供高度智能化的专业投资和保障建议，实现亲和力十足的陪伴和流畅的交流。

1. 痛点与应用领域

痛点：近年来，随着居民财富增长、投资意识增强、理财诉求日益提升，财富管理行业所面对的客户，在风险偏好、投资时长、收益诉求等方面表现出极高的多样性。投资者因信息掌握不全、理财认识不足、非理性操作行为不当，容易造成较大的收益损失。如何及时准确地获取金融信息、高效地完成投资分析、为客户量身定制理财和保险方案，是影响财富管理专业水平和服务水平的关键因素。同时，从保障大众的投资权益出发，国家陆续出台了一系列指导意见，鼓励通过数字化转型、融合智能化手段提升财富管理水平。

应用领域：智能金融助理蚂小财可以帮助用户仅通过一部手机就可以获得高质量的行情分析、持仓诊断、资产配置和投教陪伴等个性化的服务，降低金融专业服务的获得门槛。蚂小财更智能、更专业，通过金融大模型的支撑，丰富了专业金融化的表达，具有媲美人类专家的分析能力和行情解读、热点事件的推理归因能力。

2. 人工智能技术架构

蚂蚁集团基于大模型技术对蚂小财进行全方面升级，使蚂小财有了兼具广度和深度的金融知识（知识力），个性化的表达能力（语言力），专业金融工具调用能力（专业力），以及安全可信的围栏能力（安全力）。

3. 操作流程

蚂小财可以在支付宝中的理财 tab 点击左上角的图标唤起。比如在回答“这只基金怎么样”时，蚂小财先是用文字简要说明这只基金在同类产品中的排名，接着用图表高亮标注基金的核心指标表现，比如投资者最关心的收益表现、回撤控制以及收益风险比。

4. 案例主要亮点与效果

（1）主要亮点

① 知识力：蚂小财引入了可信、多元、实时的泛金融内容，构建了千亿 tokens 通用语料和百亿 tokens 蚂蚁金融语料，包含超过 59 亿条市场、保险、银行业图谱知识。通过模型知识注入、检索增强和多代理协同，蚂小财实现了智能金融助理在广度和深度上的金融知识覆盖。

② 语言力：金融行业的复杂性与用户期望的简明性之间存在巨大差距，蚂小财采用了多项策略提高对话的简明性和准确度。

一是扩展上下文窗口：蚂小财将上下文窗口扩大至 32k，以深入理解用户意图，实现更连贯的多轮对话。

二是对话仿真工具：为解决模糊意图和多重问题，蚂小财训练了对话仿真工具，模拟专业理财专家与用户的对话，提升其金融领域语言能力。

三是动态风格调整：通过大规模金融指令数据集训练，实现了风格切换功能，应用不同的风格算子生成专业、标准和通俗 3 种语言风格。

③ 专业力：通过整合业界前沿技术，包括多目标运筹优化、动态图计算和异构图表征学习等，沉淀出 320 多个金融接口工具来解决行情解读、产品评估、行为分析等不同专业任务。蚂小财能识别用户的模糊需求，调用适当的金融工具，灵活动态编排，使金融领域的服务无缝融入每个用户的日常需求。

④ 安全力：蚂蚁集团聘请超百位金融专家，使用基于人类反馈的强化学习（RLHF）技术，确保内容在隐私、合规、上下文关联方面符合金融业务需

求，建立金融合规围栏，金融价值观合格率达 99%。蚂小财的金融意图识别准确率达 95%，投资情绪识别率达 90%，资讯总结和事件推理达到分析师水平，提供超 290 项理财服务和超 30 项保险顾问服务。

（2）案例效果

① 目前蚂小财已累计服务超 3 亿用户，助力进一步提升我国财富管理服务的可得性、普惠性。被蚂小财深度服务过的用户相比其他用户而言，其资产配置的合理度提升 5%，频繁交易比例下降 60%。

② 蚂小财向行业合作机构开放数字化能力，更高效地触达并影响基金持有人，还与央视财经等泛金融机构达成合作，上线就业助手，为毕业生提供就业问答服务。

③ 团队使用业务中沉淀技术，在 SQuAD2.0、WikiSQL、SemEval 等数个自然语言处理领域重量级榜单上登顶，超过微软、谷歌等行业领先机构；论文方面，在 ACL、AAAI、WSDM、CIKM 等国际知名会议中发表多篇成果；蚂小财团队过往在理财助理行业具备国际领先性（Gartner 评价为虚拟助手 4.0 阶段）。

（三）支小助

1. 痛点与应用领域

痛点：首先，金融行业存在大量的非结构化数据（如对新闻、研报和社交媒体内容的处理和分析），限制了信息的提取速度和准确性。其次，随着市场的不断变化和金融产品的日益复杂化，导致决策过程缓慢且容易出错。此外，对于金融分析师而言，如何有效利用大模型技术提炼出有价值的洞察和预测，成为一大挑战。因此，行业迫切需要一种既能有效处理海量数据，又能快速适应市场变化、提供深入分析和推理的创新解决方案，以提升整体的投研能力和决策质量。

应用领域：支小助是面向金融专家（包括金融分析师，量化研究员，产品运营、产品销售、理赔专家等从业者）的人工智能应用，致力于提升金融场景各职能专家的生产效率和服务半径，并提供投资、理财、保险、泛金融等不同场景的服务。支小助系列已经在蚂蚁集团内部多个场景投产，并与蚂蚁平台上多个合作的金融机构展开内测和共建。

①支小助 | 投研：基于大模型技术的知识力和专业力，结合先进的量化投研分析系统和工具，是提供给金融分析师的生产力工具。

②支小助 | 销售：围绕投资顾问、保险代理人这类销售顾问型专家一天的日常工作流程，提供全面人工智能辅助。

③支小助 | 理赔：理赔是保险业务的核心服务，也是专家密集型的环节。基于“大模型 + 知识”双驱动的架构，在险、医、药、病知识基础上作思维链（COT）推理。支小助实现了 82% 门诊险理赔和 51% 的住院医疗险理赔的赔付结论秒级产出，让用户享受极致的秒赔体验。

④支小助 | 飓创：为前台营销专家和运营人员定制的营销辅助工具，通过提示就能生成丰富的营销创意、产品介绍、图文和视频物料，并做到在全渠道进行智能投放，为用户推送千人千面的营销表达。

2. 人工智能技术架构

支小助独创了 PEER 仿金融专家多智能体协同框架，并将 PEER 内核与 DOE 模式集成，开源了 agentUniverse 多智能体框架。

3. 操作流程

当前支小助正以测试的形式在官网呈现。其中，支小助投研的财报解读功能已正式上线，只需上传财报，支小助便可以帮助用户清晰地梳理公司重要财务状况的变化，并进行综合性的归因分析和符合规范的财务表达。

4. 案例主要亮点与效果

（1）主要亮点

① 提供最优的策略和解决方案。蚂蚁集团基于大量金融场景实践，其大模型技术采用了混合的数据训练方法，以确保提供最优策略和方案。

② 金融分析质量高，投资决策成功率高。PEER 范式引入多智能体技术，提升金融投研效率和准确性，语义理解准确率可达 95%。结合金融知识库和专家分析方法，提供超过 320 个金融工具接口和超过 60 万个专属指令集，为金融分析和决策提供深度支持。

③ 用户交互和体验创新。通过对话式界面降低了用户的使用门槛，使非专业用户也能够轻松获取专业级别的投研服务。

（2）案例效果

① “支小助 | 投研” 全面覆盖主流市场的重要上市公司与基金产品、800多个行业板块、200多个热点事件，以及百余家核心独角兽公司，实现对金融市场动态的分钟级分析响应和多角度分析。每日可辅助每位投研分析师高质量地完成超过100篇研报和资讯的金融逻辑和观点提取，完成超过50个金融事件的推理和归因，并将典型的量化分析任务的效率从天级别提升到小时级别，带来了明显的生产力提升。使用支小助后，金融分析师进行市场分析和报告撰写的效率提升50%以上，采纳率70%以上。在与数十家业内机构的合作中，支小助已成为众多机构首选的投研分析工具，预计在3年内将取代50%初阶金融工作，带来10倍以上的效率提升。

② 与多家蚂蚁生态金融机构开展了业务合作。与财通证券的合作。支小助能够批量上传研报，并自动生成摘要和关键信息点，提供与研报互动的功能，帮助快速定位所需信息。通过智能化的工具，支持财报数据的提取与结构化，分章节生成文档并进行风格润色，基于专家方法论框架构建文章大纲和脑图，为分析师的工作提供极大的便利。与《新京报》的合作，发布了生成式大模型产品——“贝壳财经 · 智引 ESG”，支小助提供大模型及多智能体技术支持，帮用户分析解读A股上市公司ESG报告，实时解答各种疑问，可对多家上市公司在ESG各维度中的工作细节进行分析，针对不同行业的特点，进行精细化、差异化的横向对比，辅助用户作出更明智的判断和决策。这些功能可满足垂类上市公司ESG报告的分析对比需求，解决ESG领域行业差异化研究痛点。

三、中金公司点睛大模型智能问答平台

（一）案例概要

1. 项目基本情况

在金融投资领域，信息的实时性、准确性和深度分析对于决策来说至关重要。2023年，中金公司凭借其深厚的行业经验和技术积累，推出了点睛大模型智能问答平台（以下简称点睛大模型平台）。该平台利用先进的人工智能

技术，结合中金分析师的专业指标库和外部合作数据库，为用户提供了一个全面、实时、专业的投研和决策支持系统。平台服务覆盖了从基础数据查询到深度分析的各个层面，实现了 24 小时不间断的信息助手功能。

指标问答：利用中金分析师的指标库，提供精准的数据匹配和可视化展示。

观点问答：整合多方数据资源，提供全面、及时的投资洞见。

智能纪要：通过先进的语音识别和自然语言处理技术，为用户提供会议内容的“脱水版”总结。

2. 项目亮点

点睛大模型平台的推出作为中金公司投研服务的数字化转型里程碑，其亮点在于其对中金公司业务部门的全面赋能和对行业变革的前瞻性应对。该平台不仅服务于中金公司研究部，进一步增强其研究能力和市场影响力，而且通过智能化服务，有效提升中金公司生态用户黏性，为公司各部门创造新的商业模式奠定基础。

首先，点睛大模型平台通过先进的人工智能技术，实现了对公开信息的深度处理和分析，有效抵御了行业变革带来的风险。这一创新不仅保障了分析师团队的专业价值，而且通过科技手段，将他们从烦琐的数据处理工作中解脱出来，使他们能够专注于更高层次的策略制定和市场洞察。

其次，点睛大模型平台的推出，体现了中金公司在投研服务领域的科技实力。平台充分运用科技能力，期望提高投研服务的市场占有率，实现对各业务条线的全面覆盖。通过提供实时、全面、专业的投资洞见，平台不仅提升了中金公司研究客户的服务体验，而且通过智能化服务，增强了中金公司在金融服务行业的竞争力。

再次，点睛大模型平台通过数字化产品赋能原有业务，提升中金公司多业务线在行业中的影响力和业务价值。平台的智能化特性，如数据挖掘与分析、多轮对话支持、多元信息整合等，为中金公司在金融服务领域的创新和发展提供了强有力的支撑。

最后，点睛大模型平台还推出了对外提供 API 的服务亮点。这一举措使中金公司的投研能力得以对外开放，其他金融机构、企业可以便捷地接入和使用中金公司的高品质投研服务。通过提供 API 接口，点睛大模型平台不仅拓宽了中金公司的业务范围，增强了其在金融科技领域的竞争力，还促进了整个行业的技术创新和资源共享。此外，API 的开放也有助于构建一个更加繁荣的金融生态圈，使各方合作伙伴能够共同成长，实现共赢发展。

3. 项目特点

中金公司点睛大模型平台以其独特的优势，在金融投资领域树立了智能化服务的新标杆。以下是平台的七大核心特点。

（1）深度专业知识融合

点睛大模型平台深度融合了金融投资领域的专业知识与前沿人工智能技术，通过持续迭代的中金公司大模型技术，深入挖掘数据背后的逻辑与关联，实现对海量数据指标的精细化分析和筛选。

（2）高效多轮对话支持

点睛大模型平台具备强大的上下文理解能力，支持多轮对话，能够把握用户意图，可提供更加准确和高效的问答服务。

（3）严格监管合规性

点睛大模型平台的回答和分析严格基于可靠的资料来源，不会生成新的观点，确保所有内容都符合金融监管规定，能够有效规避监管风险，增强用户对平台内容的信任。

（4）坚如磐石的数据安全

点睛大模型平台实施了全方位的数据安全措施，包括传输安全、数据存储安全、数据配置安全和账号安全，采用先进的加密技术、访问控制、多因素认证等手段，确保用户数据的安全性和保密性。

（5）前期资产积累与时间先发优势

得益于中金公司在前期资产积累和时间先发优势方面的投入，点睛大模型平台拥有核心数据知识资产的沉淀，为训练语料提供了坚实的基础。

（6）专业分析师的参与

数百位专业分析师参与训练标注与评价反馈，确保了大模型生成结果的准确性和专业性，提升了平台的服务质量。

（7）用户活跃基础与 IT 基础设施

点睛大模型平台具备一定用户活跃基础，可基于用户行为不断完善模型效果。同时，IT 基础设施的储备，为数据预处理和智能搜索引擎服务提供了技术保障。

这些特点共同构成了点睛大模型平台的核心竞争力，使其在金融服务行业中独树一帜，为用户提供了一个安全、可靠、高效的投研服务平台。

（二）技术架构

点睛大模型平台的技术架构是其高效性能的基石（见图 8-4）。平台采用了以下层次结构。

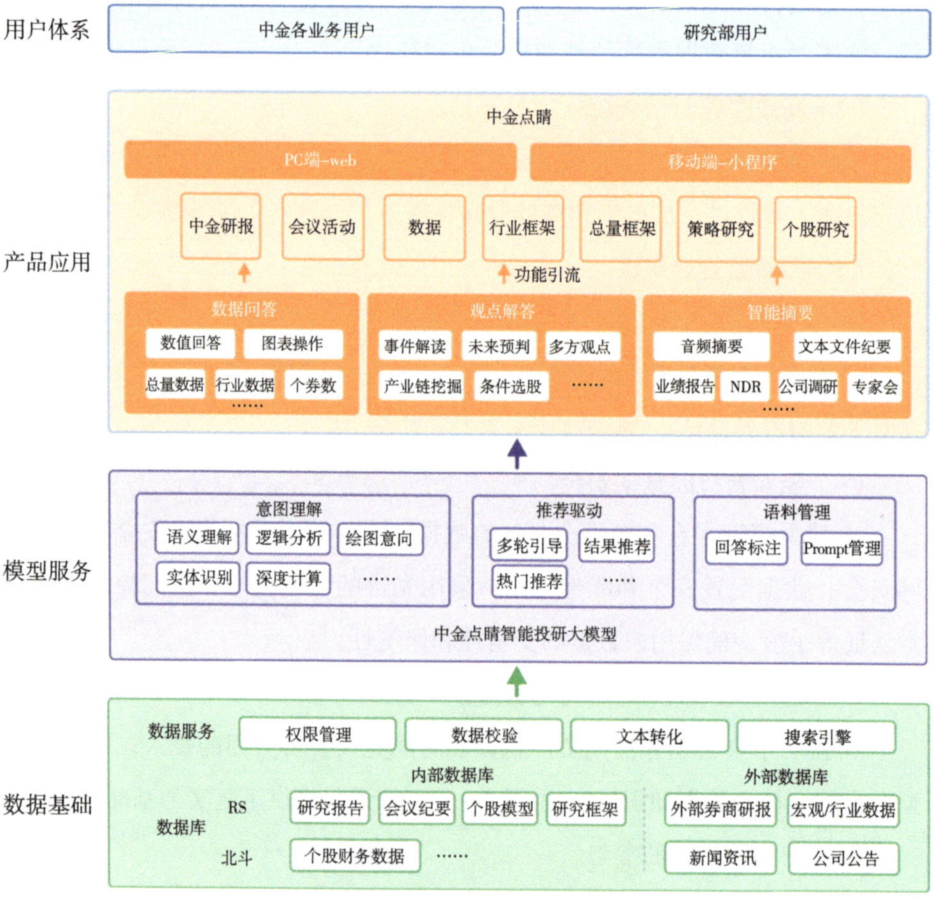

图 8-4 点睛大模型平台技术架构

资料来源：中金公司。

① 数据基础层：整合了中金公司分析师指标库和外部合作数据库，实现了数据的高效汇聚和清洗。

② 模型服务层：应用机器学习和深度学习算法，构建了智能问答和数据分析模型。

③ 产品应用层和用户体系层：提供了数据问答、观点解答和智能摘要三大应用场景，满足用户的多样化需求。

点睛大模型架构具备以下 4 个优势：功能、场景可扩展；模型安全可控；大模型训练、部署平台化；基础设施可使用信创方案平替。

以通义千问 14B 模型为基础，结合检索增强生成（RAG）工程框架实现了投研服务 3 个场景（见图 8-5）。

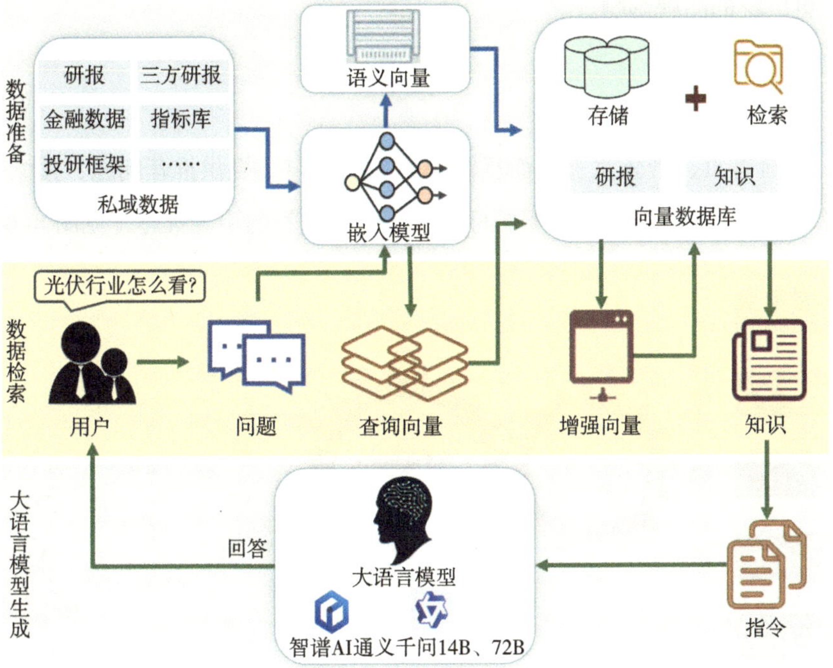

图 8-5 点睛大模型投研场景

资料来源：中金公司。

① 检索（Retrieval）阶段：核心是丰富投研知识体系入库及反馈。

② 增强（Augmented）阶段：核心是生成具备投研视野的 Prompt，供大模型总结。

③ 生成（Generation）阶段：核心是模型总结能力和指令遵从。

（三）业务介绍

1. 业务对象

本业务为研究部孵化创新项目，目标用户为金融投资领域的专业人士，包括但不限于以下人员。

① 投资分析师：提供决策支持，洞察数据驱动。

② 基金经理：通过自动化流程提高投资分析效率。

③ 投资者：提供更快速、更精准的投资信息服务。

以数字化的方式提供服务，以此获得更优质的投研体验、更高的市场覆盖、更广泛的品牌影响。

2. 业务流程

（1）入口引导

平台首页、搜索页、页面反馈作为功能入口，提供推荐问题、搜索页使用说明。页面反馈新增小客服图标，进行后续问答的引导推荐（见图 8–6）。

图 8–6　点睛大模型平台业务流程

资料来源：中金公司。

（2）推荐驱动

支持热门推荐、个人推荐，通过系统用户 Query 对个性化行为提供数据模型挖掘 / 生成问答，支持运营人工选择 Query 进行固定推荐。

（3）问答场景

① 指标问答：买方投研人员获取指标数据，包括总量、行业等相关指

标，并支持单个指标或多个指标的数值回答、图表展示（见图 8-7）。

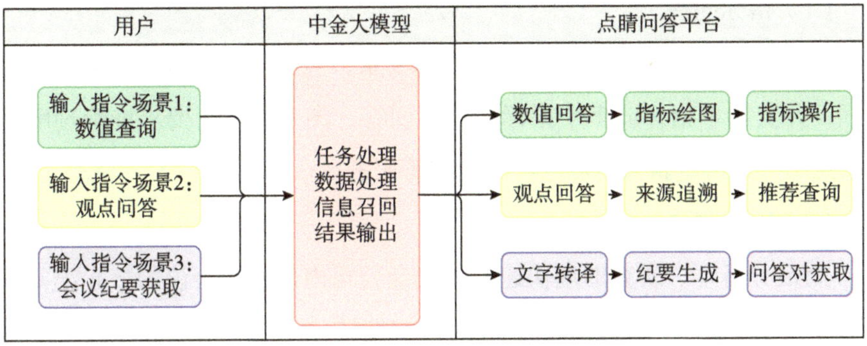

图 8-7 点睛大模型问答场景应用

资料来源：中金公司。

可以展示数据来源，可以连接到指标详情，需要时可突出文字说明以及相关内容引导。

支持的图表类型包括柱状图、折线图等，可结合指标数据进行对应展示。

② 智能摘要：用户通过音视频、PDF 文件或文本的方式上传需要作摘要的内容，通过该功能模块生成摘要结果。其中包括正文、重点内容、问答对以及不同场景下的其他特色内容，如人员识别、情感识别等。

③ 观点问答：用户通过提问题可获取金融知识与逻辑，并了解分析师对某事情的解读与预判，自动生成长文本报告，包括文字、图表等多种形式的内容，实现以下两个场景，一是可以为用户提供有关观点和通识性的、基础背景性的知识，以满足用户对特定主题或领域的基础了解需求；二是针对特定垂直类问题提供标准的算子计算并进行图表结果呈现。观点问答中涉及中金研报问答，则基于中金的研报库回答文本类答案，包括数据、观点、知识类、知识文档，即基于留存的知识文档回答、个股行情、简况、财务、相关资讯、公司简介、市场指数等外部信息。

优先展示内部信息问答结果，并对内、外部信息进行来源标注。支持内部信息关联跳转、外部来源网站跳转、回答内容复制等操作。

④ 其他场景：包括新闻事件、公告事件等资讯总结与解读，多家观点对比，智能条件选股，自有重仓、关注股票进行推荐及日程管理图表生成等辅助办公场景，最终实现打造“买方基金经理身边的分析师”的功能目标。

3. 典型应用场景举例

（1）指标问答

满足投研人员获取指标数据的需求场景，包括总量、行业、个券等相关指标，并支持单指标或多个指标的数值回答、图表展示。要求准确理解用户搜索意图并提供逻辑分析服务、深度计算服务。

（2）智能摘要

满足分析师、研究助理快速获取中金公司内部音频会议的核心纪要预览需求，为用户提供自主上传音频、文件智能转化为纪要的工具。针对多源信息，包括会议音频、文本等，实现自动语音识别（ASR）和汇总摘要。实现对单个会议内容进行摘要，及针对单篇或多篇纪要原始文本进行问答。远期考虑实现基于多篇摘要的归纳。

（3）观点问答

满足用户获取金融知识与逻辑，并了解行业内外、市场、内外部券商分析师对某事情的专业解读与预判。要求根据用户问题，自动生成长文本报告，包括文字、图表等多种形式的内容，实现以下两个场景。

一是可以为用户提供有关观点和通识背景的知识，以满足其对特定主题或领域的基础了解需求。

二是针对特定垂直类问题提供标准的算子计算和图表结果。

（四）数据要素

中金大模型平台的数据要素是其智能化服务的核心（见图 8–8）。该平台通过以下方式助力金融信息服务。

①多源数据融合：从多个渠道获取金融数据，确保数据的全面性和实时性。

②高质量数据治理：运用数据清洗技术，确保数据的准确性和一致性。

③智能化深度挖掘：应用机器学习和统计分析技术，提取关键信息。

④数据可视化：将复杂的分析结果以直观、易理解的方式呈现。

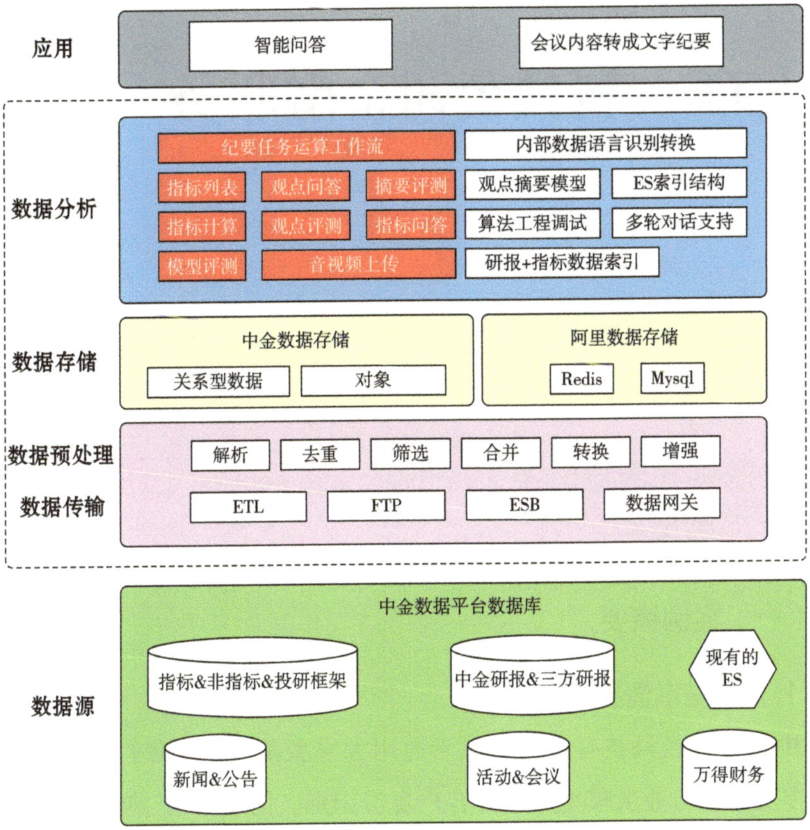

图 8-8　中金大模型平台的数据要素

资料来源：中金公司。

第九章 科技公司金融服务

一、中国移动金融风控大模型打造金融风控全场景多功能的行业大模型风控能力

（一）案例概要

1. 项目基本情况

中移动金融科技有限公司基于通用大模型基座，聚焦打造金融风控全场景多功能的行业大模型，具备客户身份识别、信用评估、单据票证审核等关键风控能力，能够防范各种假冒客户身份的攻击行为，降低虚假证照欺诈风险。

同时，金融风控大模型支持风险判决、风险解读、信息抽取、知识问答等特色功能，可提供针对金融、支付等行业基于大模型的全链路风控能力解决方案，有效帮助金融机构控制风险。

目前，金融风控大模型已在多个业务领域实现落地，包括金融消费分期、保险智能投保理赔、超级 SIM 数字身份等场景，服务多家行业龙头企业，累计调用量达千万笔。

2. 项目亮点

细分领域支持：目前大模型已支持活体检测、AI 换脸识别、手机识别、碎屏检测等 4 个风险判决能力，且具备可扩展性，支持新增风险判决细分能力。细分能力包括：物理假脸检测、深伪换脸检测、通用图片伪造篡改识别、目标欺诈识别、视觉文档信息抽取等。

模型效果提升：活体检测的攻击拦截率的真人通过率从 99% 提升至 99.9%。AI 换脸识别在真人通过率 99.9% 的前提下，已学习方法的拦截率达 99%。碎屏检测和手机识别，在正常屏通过率 99% 的前提下，手机识别、碎屏检出率均达 99%。

扩展性强：金融风控大模型具备扩展至更多细分能力和场景的潜力，能够满足不同领域的需求，减少开发和部署成本。

特色功能：金融风控大模型支持风险判决、风险解读、信息抽取、知识问答多个特色功能，全面提升金融机构的风控能力，帮助其更好地控制风险。

权威评测：通过中国信息通信研究院专项评测，活体检测安全防护能力达到“杰出级”（最高等级）。

时效提升：应用大模型后，小模型训练时长从 30 天以上降低至 10 天以内。

3. 项目特点

（1）改造现有视觉语言大模型的训练方法及代码

改造现有视觉语言大模型的训练方法及代码，可支持金融风控大模型的风险判决功能训练。

（2）实现一套支持不同细分领域的统一行业大模型

通过模型改造，可实现一套统一行业大模型支持不同细分领域能力，解决细分能力模型“烟囱”林立、模型开发和部署成本高等问题。

（3）视觉—语言双向驱动联合训练新思路

创新性地提出视觉—语言双向驱动联合训练新思路，使得细微隐蔽的风险线索更易学习。

（4）同时支持多个特色功能

金融风控大模型可提供针对金融、支付等行业基于大模型的全链路风控能力解决方案，有效帮助金融机构控制风险。

（二）技术架构

实现一套统一行业大模型支持不同细分领域能力，同时具备客户身份识别、单据票证审核和信用评估三大能力，涉及数据层、模型层、应用层等多个核心部分（见图 9-1）。

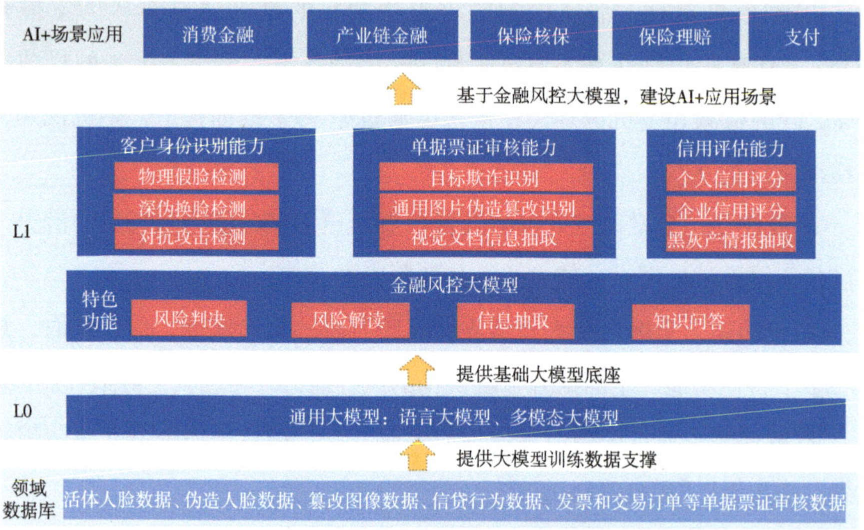

图 9-1　中国移动金融风控大模型技术架构

资料来源：中国移动。

①数据层：包括多源数据的采集与处理，涵盖活体人脸数据、伪造人脸数据、篡改图像数据、信贷行为数据、发票和交易订单等单据票证审核数据。

②模型层：采用基于深度学习的语言大模型以及多模态大模型，设计一个共享的金融风控大模型基础模型框架，作为所有任务的共同基础，通过改造现有的训练方法，支持不同细分领域的风险判决能力。

创新性地引入视觉—语言双向驱动的联合训练方法，使模型能够更好地学习和识别细微的风险线索，提高对新型攻击的拦截能力。算法层还包括模型的持续优化和自适应能力的提升，以应对不断变化的风险场景。

③应用层：将模型服务应用至消费金融、产业链金融、保险核保、保险理赔及支付场景，帮助金融机构实现全链路的风险控制。

（三）业务介绍

1. 业务对象

银行和金融机构：主要涉及贷款审核、账户登录安全、支付反欺诈等场景。银行和其他金融机构通过金融风控大模型来提高贷款审批的准确性，防止支付欺诈，保障用户账户的安全。

支付平台和电子商务公司：主要涉及支付反欺诈和账户登录安全场景。支付平台和电子商务公司利用模型的风险判决能力，实时检测交易中的异常行为，防止支付欺诈，确保平台交易安全。

保险公司：主要涉及保险理赔审核场景。保险公司通过金融风控大模型审核理赔申请，识别虚假或欺诈性理赔，降低理赔风险，保护公司利益。

金融监管机构：主要涉及反洗钱场景。金融监管机构利用金融风控大模型监控和识别洗钱行为，确保金融机构的合规性，预防和打击非法金融活动。

电信运营商：涉及客户身份识别的任意场景。

2. 业务流程

（1）需求分析与方案设计

客户接触：客户（如银行、保险公司、支付平台等）提出风控需求，描述其在贷款审核、支付反欺诈、账户安全等方面的具体挑战。

方案设计：根据客户的需求，金融风控大模型提供商与客户协作，设计定制化的风控方案，选择合适的模型功能模块（如客户身份识别、单据票证审核等）。

（2）模型接入与集成

API 集成：客户系统通过 API 接口与金融风控大模型对接，完成数据的实时传输与模型调用。模型提供商为客户提供详细的接入文档和技术支持。

模型配置：根据客户业务场景配置模型参数，设置阈值，确保模型的表现符合客户预期。

（3）实时风控与反馈

数据输入：客户在业务流程中（如贷款审核、支付交易、账户登录等）将相关数据（如用户信息、交易行为、设备指纹等）传输至风控大模型。

风险判决：大模型对输入数据进行分析，实时给出风险判决结果，如通过、拒绝或需要进一步审核，并反馈给客户系统。

模型反馈：客户可以通过反馈机制，将实际业务中遇到的特殊情况或新型风险类型反馈给模型，帮助模型不断优化和自适应。

（4）监控与优化

实时监控：客户查看模型的运行状态和判决结果，识别可能出现的异常情况或性能瓶颈。

持续优化：根据监控数据和业务反馈，模型提供商定期对模型进行调整和优化，提升模型在新场景或新风险下的表现。

（5）模型升级与扩展

功能扩展：客户如有新需求（如增加新的风险判决能力），可以通过模型提供商的扩展服务，快速接入新功能模块。

版本升级：模型提供商会定期推出模型的新版本，客户可以选择升级以获得更强大的功能和更优的风控效果。

3. 典型应用场景举例

（1）客户身份识别能力的应用场景

开户与身份验证：通过生物特征（如人脸识别等）来确认客户的身份，防止冒名顶替和欺诈行为。

高风险交易验证：对于大额转账、跨境交易等高风险操作，银行需要再次确认用户身份，以防止欺诈。

（2）单据票证审核能力的应用场景

企业财务审核：单据票证审核能力可以自动提取和验证这些票据中的关键信息（如金额、日期），并与企业的财务记录进行对比，确保数据的准确性和合规性。

贸易结算：单据票证审核能力自动提取和核对这些单据的信息，确保其内容的准确性，加快结算流程，减少人工操作中的错误，提升企业的运营效率。

（3）信用评估能力的应用场景

个人贷款审批：银行在个人贷款审批时，依赖信用评估能力来分析借款人的信用历史和财务状况，从而生成信用评分。

信用卡发放：通过对申请人的信用记录、消费习惯、偿还能力进行分析，信用评估能力可以帮助银行合理分配信用卡的发放资格和信用额度，防止信用风险的累积。

（四）数据要素

1. 客户身份识别能力的安全训练数据获取

（1）数据源

内部数据：包括客户的注册照片、身份证件扫描件、人脸图像等已完成身份验证的记录。

外部数据：利用公开的生物特征数据集（如 LFW、CASIA-Face），以及通过合作伙伴采集的多样化样本，包括人脸活体图片，屏幕翻拍攻击、打印攻击、面具攻击等物理攻击图片，以及人工智能生成式伪造图片。

确保数据采集和使用符合相关隐私法规。

（2）数据保护和隐私

数据加密：在数据传输和存储过程中使用加密技术（如 AES）保护敏感数据。

数据匿名化：处理数据时去除或匿名化个人身份信息，防止隐私泄露。

访问控制：实施严格的权限管理和审计跟踪，以限制数据访问并监控数据使用。

（3）数据质量管理

数据清洗和预处理：对图像数据进行去噪、对齐、标准化等处理，以提高数据质量。

数据标注：精确标注图像数据中的特征点和身份信息，确保训练模型的准确性。

2. 单据票证审核能力的安全训练数据获取

（1）数据源

内部数据：包括企业内部生成的票据、发票、收据等真实单据样本。

外部数据：公开数据集中的单据图像、票据模板，与供应商合作获取的数据样本。

确保单据数据的处理符合数据隐私和保护法规。

（2）数据保护和隐私

数据加密：对票据图像和信息进行加密存储和传输。

数据匿名化：去除或模糊单据中的敏感信息，如客户姓名、地址等。

访问控制：设立严格的数据访问权限，确保只有授权人员能够处理数据。

（3）数据质量管理

数据清洗和预处理：进行图像处理（如去除污损、增强对比度）以提高OCR技术的识别准确率。

数据标注：对票据中的关键信息（如发票号、金额）进行准确标注，以便于训练和验证模型。

3. 信用评估能力的安全训练数据获取

（1）数据源

内部数据：包括客户的信用历史记录、贷款申请数据、财务报表等。

外部数据：信用评分机构提供的信用报告、市场数据、经济指标等。

确保数据使用符合信用信息保护法规。

（2）数据保护和隐私

数据加密：对敏感的信用数据进行加密处理，保障数据在存储和传输过程中的安全。

数据匿名化：在数据分析和模型训练过程中对个人信息进行去标识化处理。

访问控制：实施严格的访问权限管理，确保只有授权人员可以访问和分析信用数据。

（3）数据质量管理

数据清洗：对信用数据进行清洗，以去除错误、重复或不完整的信息。

数据整合：将来自不同来源的数据进行整合，确保数据的一致性和完整性。

数据标注：对信用数据中的关键变量（如违约记录、还款行为）进行标注，以支持模型训练和评估。

（五）场景推广

1. 适用场景类型

（1）银行

① 贷款申请与审核。

场景描述：在客户申请贷款时，使用大模型评估信用风险，验证申请人的身份，检测潜在的欺诈行为。

业务功能：客户身份识别、单据票证审核、信用评估。

② 账户安全管理。

场景描述：实时监控账户登录和交易行为，防止账户被盗用或交易被篡改。

业务功能：客户身份识别。

③ 支付反欺诈。

场景描述：在支付交易中，通过大模型实时检测和防止欺诈行为，确保交易的安全性。

业务功能：客户身份识别、信用评估。

（2）保险公司

① 理赔审核。

场景描述：在处理保险理赔申请时，使用大模型审核申请材料的真实性，识别虚假理赔。

业务功能：单据票证审核。

② 客户身份验证。

场景描述：确保投保人与理赔人的身份真实，防止身份冒用和虚假投保。

业务功能：客户身份识别。

③ 欺诈预防。

场景描述：通过分析客户行为和历史数据，识别和预防保险欺诈行为。

业务功能：信用评估。

（3）其他企业

① 员工身份管理。

场景描述：在员工入职、考勤等过程中，使用大模型验证员工身份，防止被冒用。

业务功能：客户身份识别。

② 客户身份验证。

场景描述：在企业的客户管理系统中，使用大模型验证客户身份，确保业务合作的真实性。

业务功能：客户身份识别、单据票证审核、信用评估。

③ 业务风险分析。

场景描述：通过分析客户和交易数据，评估业务风险，制定相应的风险管理策略。

业务功能：信用评估。

（4）支付平台

① 支付安全。

场景描述：实时监控支付交易，检测和防止欺诈行为，保障交易安全。

业务功能：客户身份识别、信用评估。

② 账户保护。

场景描述：保护用户账户免受未经授权的访问和操作。

业务功能：客户身份识别。

③ 用户身份验证。

场景描述：在用户注册和登录过程中验证其身份，防止虚假账户和欺诈行为。

业务功能：客户身份识别。

2. 项目支持条件

（1）技术支持条件

数据接口：客户系统需提供与大模型对接的数据接口，确保数据的实时传输与模型调用。

如客户需要私有化部署，应提供高性能服务器、GPU 集群等用于模型训练及推理。

如客户无须私有化部署，可采用 API 对接方式，由中国移动进行算力支撑。

（2）数据资源条件

场景定制化需要充足的历史数据以及多样化的数据来源，提供高质量数据，保障准确性、完整性、及时性。

（3）风险管理条件

具备明确的风险管理政策和流程，能够对潜在风险点进行识别与评估，并进行持续监控和定期审计安排。

3. 场景的组织管理

为确保金融风控大模型项目的有效推进，中移动金融科技有限公司需明确责任分工、建立定期沟通机制，并共同监控系统性能；客户需清晰提供需求、准备数据，并配合系统集成和测试。相关方应保持良好沟通、明确合同条款、解决问题。

4. 相关建议

（1）不同平台之间的对接和合作

与其他金融机构、科技公司建立合作关系，共享最佳实践和技术成果。利用现有的开源工具和框架，减少重复工作并加速开发进程。参与行业标准制定，推动整个行业健康发展。

（2）模型设计与优化

结合最新的研究成果，考虑使用先进的深度学习架构，如 Transformer 等。实施模型压缩和加速技术，降低模型复杂度和推理时间。应用迁移学习和联邦学习等技术，减小数据泄露的风险。

（3）风险管理与合规

设计模型时考虑到公平性和可解释性，避免算法歧视。确保模型符合当地法律法规，特别是关于数据保护和个人隐私的规定。建立模型审计机制，定期评估模型的表现并进行必要的调整。

二、智慧防诈——“羲和·防诈卫士”一站式全场景防诈服务，全力守好人民群众“钱袋子”

（一）案例概要

1. 基本情况

中国移动始终坚持以人民为中心，积极践行央企社会责任，融合调度号、卡、消息、通话、大数据、人工智能、防诈险等基础运营企业特色资源，创新打造信息通信行业首个全场景防诈服务产品“羲和·防诈卫士”。一方面，个人用户及家庭侧是便捷的小程序应用，支持用户在中国移动营业厅订购本产品，当系统通过人工智能检测到用户家人接到诈骗电话时，将自动向用户及其家人发送预警提醒信息，用户还可临时将其家人的手机停机。万一遭遇诈骗产生经济损失，可向保险公司申请赔偿。另一方面，行业客户侧是 SaaS 和 API 解决方案，提供诈骗识别服务，以便于阻断诈骗，辅助找到更多潜在受害人，开展预警劝阻。“羲和·防诈卫士”率先提出“预防 + 补偿”的双重保障机制，在业内打造一站式、全场景、定制化的防诈服务应用系统，为不同用户群体提供智能识诈、智能预警、智家联动、智慧补偿等一站式全场景防诈服务，构建可识别、可预警、可守护、可理赔 4 道防线，全面守好用户及其家人的“钱袋子”（见图 9–2）。

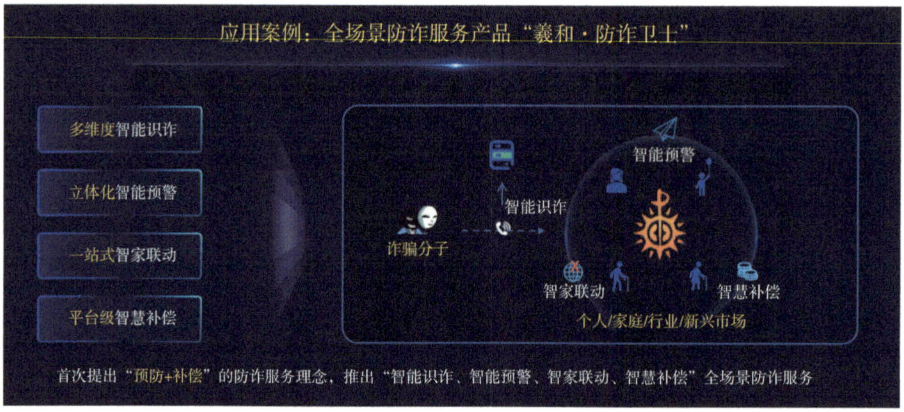

图 9–2　全场景防诈服务产品

资料来源：中国移动。

相关产品已在广西、广东、上海、江西、河南、浙江、天津、北京、山东等 14 个省份试点上线，为超过 200 万用户提供防诈服务，紧急预警超过 1.27 亿次，助推单个试点地市日均新增发卡量超过 1000 张，荣获工业和信息化部反诈创新技术遴选一等奖、中国电子学会科技进步三等奖。

2. 项目亮点

（1）系统性打造全场景防诈服务

中国移动充分发挥运营商号、卡、消息、通话、大数据、人工智能、防诈险等资源禀赋，自主研发并推出信息通信行业首个全场景防诈服务产品“羲和·防诈卫士”，系统性构建智能识诈、智能预警、智家联动、智慧补偿全场景防诈服务。这道防线能够实时识别预警潜在的诈骗风险，为客户提供更加智能、精准的高水平防诈服务，切实保护人民群众的“钱袋子”，为国家的稳定和人民的幸福提供坚实保障。

（2）前瞻性构建防诈新质生产力

一是运用人工智能识别人工智能，通过人工智能、大数据反诈新技术的研发，精准识别人工智能合成语音、人工智能换脸等诈骗行为，通过大数据分析涉诈线索，精准打击诈骗。二是运用新通信升级预警劝阻手段，基于新一代超级 SIM 卡、新通话技术，创新消息必达、音视频预警、通信阻断等能力，实现实时诈骗反制。这些举措是“羲和·防诈卫士”项目在科技前沿领域的关键突破，通过构建防诈新质生产力，推动电信网络诈骗治理高质量发展。三是以号码实名制为基础，在业务流程中嵌入电子签名、实名认证环节，实现对用户的甄别，实现“可追溯、抗抵赖”的源头治理。

3. 项目特点

（1）开展反诈技术创新，树立绿色科技行业标杆

“羲和·防诈卫士”项目充分发挥运营商资源禀赋，开展反诈技术创新，不断提升诈骗行为的识别率和拦截率，提高公众防诈意识和能力。通过提升系统能效比，减少能源消耗，积极响应绿色、低碳的可持续发展目标，树立绿色科技行业标杆。

（2）强化反诈治理体系，加强各环节科技防诈保障

积极参与行业标准的制定和修订，在工业和信息化部的指导下，主导编写了《基础电信企业面向 SIM 卡反诈技术要求》行业标准，推动建立更加完善的科技反诈体系，为行业的健康发展提供有力支撑。“羲和·防诈卫士”项目加强对产品开发、运营、维护等各个环节的监管，确保技术应用的合规性和有效性。

（3）聚焦精准客户高风险领域，及时进行响应

“羲和·防诈卫士”项目针对重点市场开展精准推广，面向银发群体及家庭客户、外出需求较多的漫游客户，进行运营商套餐融合，通过产品精准推广，减少被诈骗和涉诈风险，提升家庭成员的安全感和幸福感，为应对人口老龄化问题提供有力的安全支持。

（二）技术架构

“羲和 · 防诈卫士”服务技术具体包括号卡、消息通话、人工智能技术、大数据、通信数据、保险补偿等 6 类近 20 项原子能力，覆盖智能识诈、智能预警、智家联动、智慧补偿 4 个环节，面向不同场景形成有针对性的防诈服务能力套件（见图 9-3）。

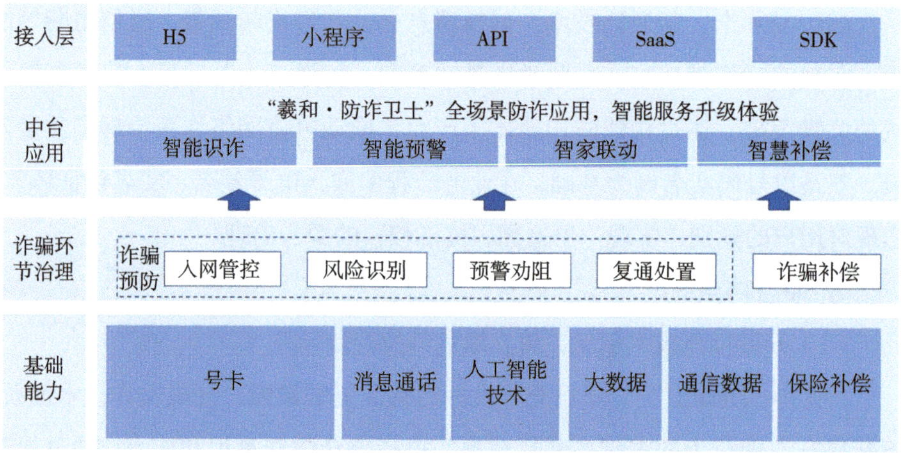

图 9-3 “羲和 · 防诈卫士”服务技术架构

资料来源：中国移动。

（三）业务介绍

1. 业务对象及流程

“羲和 · 防诈卫士”主要面向个人及家庭用户、行业用户，为其提供多维度、一站式、全场景的防诈应用服务。

（1）个人和家庭市场

面向个人和家庭市场，为用户及家庭提供多维度的智能识诈和预警服务，特别是针对家庭中的“一老一小”，提供智家联动防护服务，保障家庭和谐稳定。用户可在中国移动营业厅灵活选择“羲和 · 防诈卫士”业务功能对应的套餐。通过超级 SIM 小程序一键开通防诈守护功能，全方位守护已授权家人的通话和人身安全。

系统通过人工智能自动检测到用户家人接听疑似诈骗电话时，将自动向用户及家人发送必达通知，实现识别预警。若用户家人处于通话中并未看到提醒消息，用户可向家人发送语音预警信息，直接在当前来电中插播语音提醒。同时，用户可以远程临时给家人的手机停机，防止被诈骗电话继续“轰炸”。当用户遭遇电信诈骗导致财产损失时，还可向保险公司申报理赔。

（2）行业和新兴市场

面向行业和新兴市场，本产品可助力公安机关和各行业开展智能识诈、预警劝阻等服务，共同防范治理电信网络诈骗。客户可根据业务需要，通过SaaS、API或本地化部署等方式，获取诈骗识别、预警提醒和通信阻断等服务。一方面，基于人工智能、模式识别、大数据、超级SIM实现多维度的诈骗识别，实现诈骗精准识别，找到更多潜在受害人，阻断诈骗过程，降低涉案率。另一方面，基于必达通知、音视频预警、通信阻断等能力，实现立体化的智能预警，提高预警劝阻效率，减少财产损失。

2. 典型应用场景举例

目前，“羲和·防诈卫士”项目在以下几个典型场景中取得了很好的效果。

（1）家庭防诈

智能识诈：用户订购“羲和·防诈卫士”后，系统通过人工智能检测到用户家人接到疑似诈骗电话。

智能预警：系统自动向用户及家人发送必达通知。

智家联动：若家人处于通话中并未看到提醒消息，用户可直接在当前来电中插播语音提醒。用户可以远程临时给家人的手机停机，防止被诈骗电话“轰炸”。

智慧补偿：当用户及家人遭遇电信网络诈骗产生财产损失，且超过规定时间无法追回时，可直接向保险公司申请理赔。

（2）公安反诈

智能识诈：结合公安、金融部门的反诈数据，当用户存在终端及SIM卡异常使用行为时，自动将相关情况反馈到平台。

智能预警：系统自动向用户发送必达通知，告知疑似涉诈用户，及时开展实名认证，认证通过则继续用卡，认证不通过则关停卡。系统自动向潜在受害人发送预警提醒信息。

智家联动：系统识别到异常用户，将自动向潜在受害人的家人发送预警提醒短信。

（四）数据要素

基于运营商号、卡、消息、通话等多项基础能力，搭建“数据要素 × 防诈治理”风险模型，数据要素包括用户的通信通话数据、号卡使用数据、App 访问数据、上网流量数据、涉诈黑白名单，通过多维度的数据，提高诈骗识别准确性。

通过数据质量管控、数据清洗等技术，对运营商原始通信行为数据、上网行为数据等进行处理，确保数据的准确性和一致性，提高数据质量。

应用数据可视化技术，将复杂的分析结果以直观、易理解的方式呈现给省侧。通过直观的图表和地图展示，省侧能够快速掌握产品发展趋势和用户使用产品的效果，进而及时调整运营策略和优化产品，提升用户体验。

（五）场景推广

1. 适用场景类型

“羲和・防诈卫士”面向人民群众进行推广，同时逐步将相关能力应用到行业，赋能公共安全领域。适合场景说明如下：

一是面对当前严峻的诈骗形势，人民群众需要一款方便易用的识诈、断诈的防诈产品，实现家庭联防联控，提升幸福感、安全感。

二是面对严峻的防诈压力，内部各单位既要压降涉案号码，又要保障客户服务质量，保障业务健康可持续发展。

三是公安机关、行业各单位投入大量资源来寻找潜在受害群体和诈骗分子，线下宣传和劝阻压力大，缺乏拦截反制技术，亟须应用新技术新办法，实现从“人防”到“技防”的转变。

2. 项目支持条件

（1）政策条件

工业和信息化部指导《基础电信企业面向 SIM 卡反诈技术要求》行业标准在运营商落地，推动建设全网反诈数据预警平台，促进网络空间的全面治理。

（2）环境条件

金融机构和运营商等行业机构加强反诈数据联动和产品共建，确保数据及传输的安全性、兼容性和有效性，确保与各类硬件和软件环境的高度兼容，保证系统运行的稳定和可靠。

3. 场景的组织管理

为确保“羲和·防诈卫士”项目的有效推进，由政府相关部门组织成立全场景防诈服务产品项目领导小组，中国移动联合公安、金融等行业，开展产品的建设和落地。

领导小组牵头统筹协调项目建设工作，完成项目评审，协调解决有关重要事项，提出指导意见，以保障项目顺利实施。中国移动负责项目的总体建设实施、数据拉通、产品上架和应用推广。

4. 相关建议

（1）加强与行业数据联动

与通信、公安、金融、互联网等行业合作伙伴紧密协作、数据联动和信息共享，建设信息共享机制，实现行业数据间实时共享，通过大数据追踪溯源发现涉诈线索，精准打击诈骗产业链，为反诈工作提供有力支持。

（2）加强技术能力创新

持续投入研发资源，加强人工智能、大数据、新通信等核心能力的研究，提升技术的前瞻性，提升诈骗识别的准确率，提高诈骗预警劝阻的时效性。同时，建立健全用户反馈机制，及时收集用户使用过程中遇到的问题和建议，持续优化产品和服务，以适应不断变化的诈骗手段和用户需求。

（3）完善产品数据合规

加强对产品设计、研发、维护、运营等各个环节的监管，确保技术应用的合规性和有效性，积极参与行业标准的制定和修订，推动建立更加完善的科技反诈体系，为行业的健康发展提供有力支撑。

（4）加强与保险行业合作

联合保险行业开展产品联动，推出与通信服务相结合的金融产品，通过“通信＋金融”的融合创新实现产品防诈效果倍增。加大行业应用推广力度，以使产品覆盖更多客户，提高用户防诈意识，降低群众财产损失。

三、芯盾时代反洗钱系统助力金融机构业务安全

（一）案例概要

1. 基本情况

芯盾时代反洗钱系统可为金融机构提供全渠道、全链路、全方位的业务安全风险监测与处置，覆盖事前、事中、事后 3 个维度，依托人工智能技术架构，通过人工智能和机器学习等技术，提高金融机构反洗钱系统的智能化水平。芯盾时代反洗钱系统由终端检测、名单、专家规则、人工智能模型等模块组成，赋能金融机构线上和传统业务渠道，对用户行为进行全方位的监测，实现对洗钱活动的自动化实时甄别、预警和及时处置，可有效提升洗钱行为监测的速度和准确度。

芯盾时代反洗钱系统能够为金融机构增强风控能力，精准分辨出正常交易行为和洗钱行为，打击黑灰产，真正让一部分人免于欺诈，保护广大人民的财产安全。

2. 项目亮点

（1）有效标识设备身份，强化终端操作行为监控

依托机器学习技术，采用新的算法提升设备指纹的适配性，抑制传统设备容易发生的指纹漂移和指纹冲突，准确率高达 99.99% 以上。

（2）依托大模型等技术自动生成报告，显著提升研判效率

通过运用大模型技术和自动化报告技术，深入学习客户信息、账户信息以及历史交易记录，分析可疑行为模式和风险指标，并从中抽取关键线索，实现案件的自动化审核及风险点的精准提示。最终自动生成标准化的尽职调查报告，使反洗钱专员只需作少量调整就能作出决策。

（3）智能识别准确率高，有效打击犯罪行为

芯盾时代反洗钱系统上线后，实践结果超出金融机构预期，上线 2 个月帮助金融机构成功挖掘了 10 余个洗钱团伙，持续守护用户的资金交易安全。

3. 项目特点

芯盾时代通过对风险行为的“感知—决策—管控—学习”，为企业建立

智能化、可视化、自动化的反洗钱系统，高效识别非法洗钱行为。

（1）自研的技术方法论

芯盾时代提出了“无监督—半监督—多模型融合”的人工智能演进方法论，研发了一系列金融风控场景化人工智能模型，包括洗钱案件排序模型、洗钱账户挖掘模型、洗钱团伙挖掘模型、实体画像模型、动态图洗钱检测模型等，并结合大语言模型和检索增强生成技术，帮助客户有效对抗金融欺诈风险。

（2）模型分析能力优异

利用芯盾时代大模型的理解能力、芯盾时代金融知识库的海量案例、芯盾时代嵌入模型的检索能力，将结构化交易数据的信息丰富化，更准确地解释洗钱行为的过程和手法，让普通调查员变身资深调查专家，提升洗钱调查深度。

（3）紧密结合洗钱场景

芯盾时代使用多种人工智能算法融合策略，紧密结合洗钱场景，智能识别商户与不法分子合谋使用伪卡、失窃卡、被盗卡购买商品，以及以空壳公司开立银行账户，为赌博网站等提供转移资金等洗钱行为。

（4）智能挖掘洗钱团伙

通过关联图谱、机器学习等人工智能技术，智能挖掘、提炼账户之间的关联风险特征，生成资金流向图，并借助多维度、多层级的可视化关系网图谱，对账户关系进行拓展研判，高效挖掘洗钱团伙。

（二）技术架构

随着金融交易的日益复杂化和全球化，金融机构面临着越来越严峻的反洗钱挑战。为了有效应对这一挑战，芯盾时代设计了一套先进的人工智能技术架构，旨在通过人工智能和机器学习技术，提高金融机构反洗钱系统的智能化水平。该架构不仅能够处理和分析海量的金融数据，还能够实时监测和识别潜在的洗钱风险，为金融机构提供强大的风险管理和决策支持工具。人工智能技术架构涵盖应用层、中间层、模型层和基础层（见图 9-4），具体能力如下。

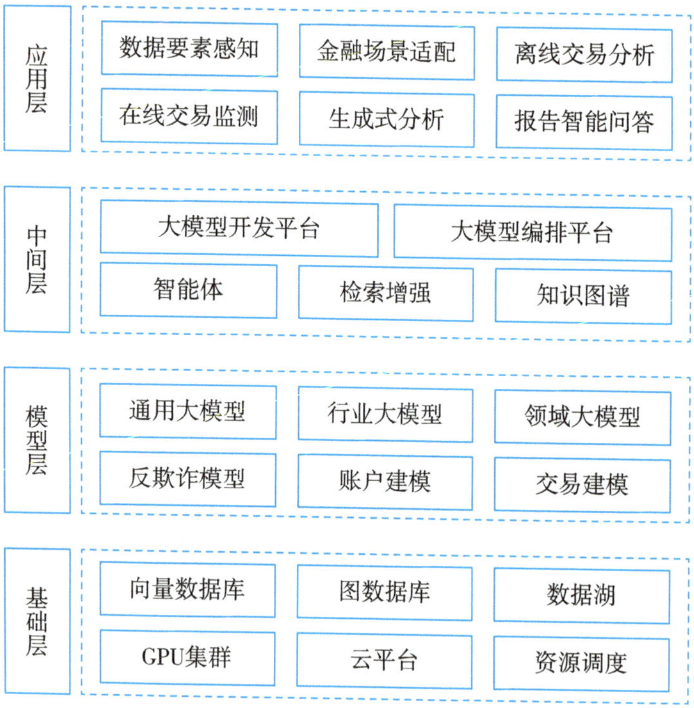

图 9-4　芯盾时代反洗钱系统技术架构

资料来源：芯盾时代。

应用层是对外服务的关键，深度结合反洗钱业务，利用大模型技术、反洗钱算法、专家经验，从多个角度服务于反洗钱调查人员，为金融机构提供端到端的反洗钱技术支撑。

中间层是连接应用层和模型层的桥梁，主要包括多模态模型和反洗钱模型等功能开发，流程编排、知识与数据管理等工作，并结合检索增强生成、多模态等技术，为反洗钱系统提供能力支撑。

模型层是整个系统的核心，主要负责反洗钱相关的数据分析和预测，包括通用大模型、结合行业数据微调的行业大模型、为特定企业定制的领域大模型等，为反洗钱系统提供关键性的能力支撑。

基础层是整个系统的支撑，提供硬件资源和基础设施服务，包括海量交易数据存储与高效检索、算力资源支撑、高效通信与稳定传输、安全审计与网络防护，确保系统的高效处理与稳定运行。

（三）业务介绍

1. 业务对象

业务对象包括但不限于银行、证券、保险等金融机构，保障用户资金安全。

2. 业务流程

在金融机构反洗钱系统中，人工智能特别是大模型技术贯穿了从数据感知到可疑事件分析的整个流程。结合大模型技术和反洗钱模型，业务流程可以被设计为以下几个关键步骤。

（1）数据要素感知与理解

数据要素感知与理解是整个流程的起点。在这个阶段，系统需要全面感知和理解大量的交易数据和客户信息。通过自然语言处理和知识图谱技术，系统能够识别关键数据要素，理解交易详情和客户背景，从而为后续的分析打下坚实的基础。这一步骤的关键在于准确提取和理解数据，同时保证数据的质量和一致性。

（2）场景化模型适配

场景化模型适配是将大模型技术与具体反洗钱场景相结合的环节。根据不同的洗钱行为特征，系统需要选择或设计合适的机器学习模型，并进行特征工程以提取关键特征。大模型可根据基于实际业务场景的多维度指标评估体系，对业务效果进行精准评估，选择适配的场景化业务模型，如果难以满足业务要求，则需要根据业务情况对模型进行微调，直至能够实现预期目标。这一步骤的难点在于确保场景化模型的泛化能力和适应性，同时还需要不断地调整和优化模型以适应不断变化的洗钱模式。

（3）存量交易数据离线分析

存量交易数据的离线分析是一个对历史交易记录进行深入挖掘的过程，其目标是识别可能的洗钱行为。这一环节通常在系统负载较低的时段进行，以确保分析过程不会影响金融机构的日常运营。通过对大量累积数据的批处理，系统能够应用复杂的机器学习模型，来识别洗钱模式。这些模型能够处理高维数据，学习交易中的复杂非线性关系，并通过特征工程提取关键指标，如交易频率、金额波动、资金流向等。这一过程的难点在于处理大规模数据集时的计算效率和存储需求，以及确保模型在历史数据上训练得到的模式能够泛化到新的、未知的洗钱行为上。

（4）新增交易数据在线分析

新增交易数据在线分析则是一个实时监控的过程，它要求系统能够迅速对每笔交易进行评估，并在检测到可疑行为时立即响应。这一环节的核心技术包括流数据处理和在线学习算法。在线分析的挑战在于保持高响应速度的同时，确保分析的准确性和系统的稳定性，特别是在面对高并发交易时。

（5）可疑事件交互式分析

可疑事件的交互式分析是金融机构反洗钱系统中的一个高级功能，它利用大模型技术和商业智能（ChatBI）技术，为用户提供了一个直观、自然语言驱动的交互界面。用户可以通过输入自然语言查询或语音指令，系统将利用自然语言处理技术理解用户的意图，并编排相应的任务流程。在这一过程中，系统会从庞大的数据库中筛选出与查询相关的数据，支持用户进行数据钻取和数据关联分析，从而深入挖掘潜在的洗钱行为。技术难点在于精确地解析自然语言查询，结合反洗钱专家经验，实现复杂的语义理解和上下文关联，同时确保建议数据检索的准确性和效率。技术的先进性体现在其高度的自动化和智能化，能够大幅提高分析师的工作效率，减少人为错误，并通过丰富的交互方式，增强用户体验。

在整个流程中，大模型技术的应用不仅提高了数据处理的自动化水平，还增强了模型的预测能力和可解释性。通过不断学习和适应新的洗钱模式，大模型技术能够为银行提供更加精准和高效的反洗钱解决方案。

3. 典型应用场景举例

（1）复杂交易模式识别

金融机构分析师利用交互式分析工具，通过自然语言查询，成功识别了涉及 A 公司和 B 公司的复杂资金流动模式。在芯盾时代反洗钱系统的帮助下，从历史数据库中筛选并关联了关键交易数据，对交易特征进行深入分析，揭示了在非工作时间频繁的资金转移符合洗钱行为的典型特征。分析师通过数据钻取和数据关联分析进一步确认了洗钱行为，并采取了相应的预防措施。

（2）实时交易监控

在实时交易监控场景中，金融机构分析师通过芯盾时代反洗钱系统，迅速对一笔大额交易进行了实时分析。系统利用流数据处理技术接收交易数据，并结合大模型技术，对交易双方的背景、历史交易记录和交易模式进行了综合评估，快速识别出高风险交易并触发警报。分析师随后通过进一步查询交易细节，进行深入分析，金融机构因此成功阻止了可疑交易并进行了后续调查。

（3）历史数据审查

合规部门在对历史交易数据进行审查时，通过芯盾时代反洗钱系统自动执行了审查任务流程，筛选并分析了 2023 年第四季度所有超过 100 万元的交易。利用大模型技术，系统深度挖掘了交易数据，识别出异常模式和潜在洗钱行为，生成了包含详细分析结果的报告。合规分析师根据报告信息进行进一步调查和验证，发现了多起潜在洗钱案件，并采取了法律和合规措施。

（四）数据要素

在金融机构反洗钱系统中，数据要素是整个分析流程的基础和核心。以下是对数据要素的详细描述，包括数据来源、数据利用、数据安全和数据工作挑战四个方面。

（1）数据来源

数据来源的多样性是反洗钱系统的关键特点之一。金融机构需要从多个渠道收集数据，包括但不限于客户交易记录、账户信息、在线行为日志、第三方支付平台以及公共数据库。这些数据源为反洗钱系统提供了全面的视角，有助于系统识别和分析洗钱行为。数据的实时性和历史性也是重要的考量因素，实时数据允许系统快速响应，而历史数据则为模式识别和趋势分析提供了基础。

（2）数据利用

数据利用涉及如何高效地处理和分析收集到的数据。系统需要能够进行数据清洗、标准化和特征提取，提升数据的质量。通过高级的自然语言处理和模式识别能力，增强了对数据的理解。利用机器学习和深度学习算法，系统能够对数据进行深入分析，自动识别出洗钱行为的模式和趋势。此外，数据的多维分析和关联查询能力也是至关重要的，通过预测分析和风险评估等辅助决策措施，提供数据驱动的洞察和建议，允许分析师从不同角度探索数据，发现潜在的洗钱模式和风险点，从而实现更精准的洗钱风险管理。

（3）数据安全

在处理敏感的金融数据时，数据安全是至关重要的。银行必须遵守相关的数据保护法规，确保客户信息和交易数据的安全。这包括数据加密、访问控制、网络安全措施以及对数据访问和处理的严格审计。此外，数据的隐私保护也是一个重要方面，需要在分析和监控过程中平衡好风险管理和客户隐私权的保护。

反洗钱系统必须严格遵守个人数据隐私保护的原则，这包括实施强有力的数据加密措施，确保数据在传输和存储过程中的安全；遵循数据合规性要求，处理和分析数据时符合法律法规和行业标准；实施严格的权限管控，确保只有授权人员才能访问敏感数据。数据隐私保护是数据安全的重要内容，需要在分析和监控过程中平衡好风险管理和客户隐私权的保护，在保护客户隐私的同时，有效利用数据要素进行反洗钱分析。

（4）数据工作挑战

尽管数据是反洗钱工作的重要资产，但同时也带来了一系列挑战。首先，数据的规模和复杂性不断增长，要求系统具备强大的计算能力和高效的数据处理算法。其次，数据的质量和一致性需要不断维护，以避免分析结果的偏差。再次，随着洗钱手段的不断演变，系统需要不断更新和优化，以应对新的洗钱模式。最后，数据的实时处理和分析对系统的响应速度和稳定性提出了更高的要求。

（五）项目推广以及组织建议

1. 反洗钱系统推广条件

（1）数据条件

① 数据的全面性：反洗钱系统需要能够访问和整合来自不同来源的全面数据，包括客户交易记录、账户信息、身份验证数据、市场数据等。这些数据的多样性和丰富性是识别洗钱行为的关键。

② 数据的质量和准确性：数据要确保其准确性和一致性，数据缺失、错误和不一致等问题会给分析结果带来偏差。

（2）组织条件

① 明确的流程：反洗钱工作涉及多个部门的协同工作，需要制定明确的反洗钱目标和工作流程，支撑反洗钱工作的顺利开展。

② 专业的团队：需要组建一个由数据科学家、分析师、合规专家和 IT 专业人员组成的跨学科团队，可部分由外部安全公司提供人力或技术支持，进行系统的开发、维护和优化。

③ 沟通和协调：在不同部门和团队之间建立有效的沟通和协调机制，确保信息的及时传递和问题的快速解决。

（3）信息化条件

① 技术基础设施：金融机构需要具备强大的技术基础设施，包括高性能的服务器、存储系统和网络设备，以支持大规模数据处理和复杂计算。

② 数据管理和分析工具：应具有数据管理和分析工具，如数据仓库、数据挖掘软件和机器学习平台，以提高数据处理和分析的效率。

2. 反洗钱系统的场景组织与管理模式

（1）建设方

主要为银行、保险、基金公司等金融机构，其提出需求和目标，将反洗钱系统的开发项目整体委托给承建方。需提供需求、知识、数据、存力、算力、网络等项目实施要求。

（2）承建方

芯盾时代。芯盾时代按要求进行设计、开发、测试、交付等工作，为金融机构提供长期的技术支持和服务。

（3）运维方

芯盾时代。芯盾时代按要求进行运行监控、故障处理、安全保障、系统升级等，保障反洗钱系统稳定运行。

（4）特点

金融机构需要一次性投入较多建设成本，委托承建方按项目制交付和运维，项目资产属于金融机构。

（5）组织管理

为确保项目高效推进，金融机构作为项目主导方应成立工作专班组，由主管领导、分管领导、信息技术部门、客户服务部门以及相关业务部门组成。同时需建立长效沟通机制，确保团队内部以及与相关部门间的信息流通与协作。工作专班组可以分为统筹组、技术组、客服组和业务组。

3. 反洗钱系统建设建议

（1）数据治理

① 建立数据治理框架：制定明确的数据治理政策，包括数据质量标准、数据使用准则和数据维护流程。

② 数据生命周期管理：确保数据从采集、存储、处理到销毁的每个阶段都符合最佳实践和合规要求。

（2）数据要素使用

① 数据整合与标准化：整合不同来源的数据，并制定统一的数据标准，以提高数据的可用性和一致性。

② 数据驱动的决策：利用数据分析结果来指导反洗钱策略的制定和执行，提高决策的效率和准确性。

（3）数据隐私保护

① 强化隐私保护措施：采用先进的数据加密技术，实施严格的访问控制和监控，确保个人数据的安全。

② 遵守数据保护法规：确保所有数据处理活动遵循相关的数据保护法律和国际标准，如《通用数据保护条例》。

（4）反洗钱多部门协同与联动

① 建立跨部门协作机制：促进金融机构、监管机构、执法部门之间的信息共享和协作，形成反洗钱的统一战线。

② 实时信息交流平台：建立一个安全的信息交流平台，以支持实时的情报交换和案件协调。

（5）宣传培训

① 定期培训计划：为金融机构员工和相关政府部门人员提供定期的反洗钱培训，包括最新法规、技术工具和最佳实践。

② 提高公众意识：通过公共宣传活动，提高公众对洗钱风险的认识，鼓励举报可疑活动。

（6）技术与创新

① 投资先进技术：鼓励投资于人工智能、大数据分析和机器学习等先进技术，以提高反洗钱系统的效能。

② 创新实验室：设立创新实验室，探索和测试新的反洗钱技术和方法。

四、360 安全大模型智能保障金融安全

（一）基本情况

360 自主研发的 GPT 通用大模型——360 智脑，拥有百亿和千亿参数、多个版本，支持摘要、总结、翻译、写作、代码等数十种技能，位列国内自研模型第一梯队。在安全大模型方面，依托 360 海量安全数据，以类脑分区协同（CoE）安全大模型为基础，通过安全场景专项化训练，形成安全垂类大模型，并协同安全知识库、安全工具库、大模型对接应用层，共同构建 360 安全大模型平台。

（二）360 安全大模型核心技术架构

360 基于独有的类脑分区协同安全大模型，在突破基于海量安全大数据的自主安全大模型训练技术、基于类脑分区协同的安全智能体构建技术、全场景网络安全工具增强生成技术等的基础上，设计 360 安全大模型整体架构（见图 9–5）。

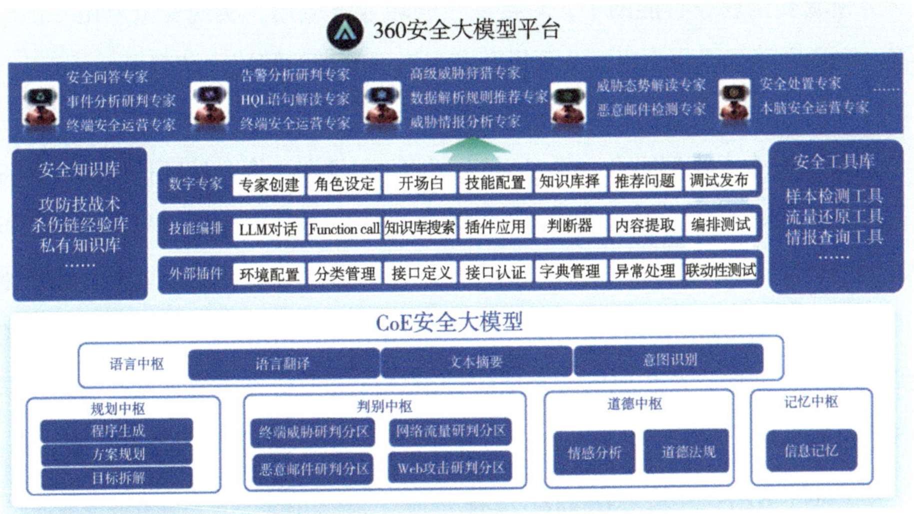

图 9-5　360 安全大模型整体架构

资料来源：360。

1. 类脑分区协同，重塑安全架构

基于自主研制的大模型底座，针对日志数据、告警数据等海量安全数据特点，通过重构模型结构、调整模型推理程序，实现面向安全数据的专项预训练，设计形成具有类脑分区协同结构的安全大模型。该模型由语言中枢、规划中枢、判别中枢、记忆中枢和道德中枢组成，可面向专项安全数据，实现一体化训练和推理以及模型参数分区调整。

2. 智能任务调度，优化运营流程

本模型研制自主安全任务调度智能体框架，通过设计安全智能整体架构，设计任务生成引擎、任务编排引擎、指令调度引擎、监督评测引擎、记忆存储、执行反馈等部分，实现安全任务目标理解、逻辑推理、效果评估和知识记忆等功能。支持连接、配置、驱动、协同各类安全工具产品，显著提升单个产品和系统整体的能力，并使运营效率最大化。

3. 构建专用知识体系，强化安全防御

面向安全业务中的通用知识查询、专用知识问答、文档生成辅助等业务应用场景，重点针对现有大语言模型存在的安全专有领域知识无法理解、数据过期、生成式幻觉、常识偏差等问题，以安全大模型为底座，研制专用向量化安全知识库，基于纠错反馈机制，对安全领域知识进行检索增强，构建安全领域安全业务智能助手，对接安全领域业务应用，实现安全专用知识问答、安全文档智能化生成，全面提升安全知识管理的智能化转型。

4. 自动识别威胁，精准溯源打击

基于安全大模型平台，通过对接终端行为日志，将自动进行终端威胁狩猎任务意图识别、任务规划，对于终端日志数据进行深度研判分析，并根据研判结果进行自主的溯源规划，形成溯源任务编排方案，结合攻击技战法知识，自动给出攻击检测判定、绘制攻击路径，并归因到相关攻击组织，最终形成攻击者画像以及相应的终端威胁狩猎分析报告，为安全专家提供深度研判的基础支撑。

（三）360 安全大模型的优势

360 安全大模型系统在安防领域展现出多项显著优势。

1. 底层创新驱动，深度融合场景

与当前很多厂家采用开源大模型挂接专用知识库的方式不同，360 以自研大模型为基础，在模型结构、推理程序等模型底层进行创新，独创类脑分区协同安全大模型结构，真正做到掌握模型核心机理，模型可以“打得开，调得了，训得起来”，只有这样才能使“大模型 + 安全”的道路走深走远。

2. 全链路猎杀，精准捕捉威胁

以海量高质量安全数据为基础，360 安全大模型系统通过海量终端数据、网络流量、日志数据的预训练，学习各种攻击的特征，进而能够准确识别潜在威胁和攻击行为，对日志、告警进行深度研判，并结合专用猎杀工具，实现自动化的溯源分析、正向推理、证据链关联等，分析出完整攻击链路，发现真实攻击意图并给出处置建议。

3. 邮件深度检测，全面阻断“钓鱼”

大模型通过分析邮件安全网关上报的邮件内容，补充检测传统专家规则中遗漏的高隐蔽性恶意邮件。360 安全大模型从自然语言语义、不合理习惯等方面深入理解邮件内容的上下文，分析邮件中的意图，比如是否试图诱导用户执行某些动作，如打开附件或访问链接等。同时，大模型具备跨语言的检测能力，对非中文的钓鱼邮件同样能够通过语义理解进行识别。

4. 分析恶意流量，实时发现异常

安全大模型通过对恶意流量的语料训练，摆脱传统基于静态规则的检测方式，不再依赖外网环境和定期的规则更新，以智能化的推理研判能力，帮助企业发现异常流量和潜在的网络入侵。例如，SQL 注入攻击、权限绕过、口令爆破、命令注入类研判等，同时使用自然语言，对判定的依据进行说明，降低对运营人员专业能力的要求，加速形成应急响应处置决策。

5. 自动化运营，提升防御效率

360 安全大模型系统优化了安全运营工作全流程，提供自然对话方式，降低技术门槛，自动化完成日常琐碎工作，协助运营人员更快、更准确地作出决策，提升工作效率，具备辅助告警解读、高危事件自动筛选、日志解析规则推荐、处置预案推荐、安全事件统计、安全报告撰写等能力。

（四）360安全大模型专业保证金融安全

银行、保险、证券等金融机构80%以上的业务在IT信息化系统上开展，网络攻击者和金融犯罪分子也随之发展出越来越复杂的攻击和犯罪手段，试图窃取数据、实施金融诈骗、洗钱或破坏关键系统。

1. 金融领域面临的主要安全风险分析

（1）海量告警噪声与安全事件筛选难题

银行系统的数字化转型使得网络安全监控系统每天生成大量的安全告警，但其中大多数告警属于误报或无关的低优先级事件。面对这些海量的告警，安全运营团队很难迅速筛选出真正的威胁事件，导致一些重要的安全风险被淹没在噪声中。缺乏有效的告警降噪和优先级划分手段，使得运营团队的工作负担加重，难以及时应对实际的攻击威胁。

（2）复杂网络攻击与溯源困难

现代网络攻击往往由多个步骤、多个阶段的攻击链组成，攻击者通过长期潜伏、逐步渗透金融系统，从不同角度发起攻击。入侵者通常利用银行系统的漏洞或员工操作失误，结合恶意软件、SQL注入、钓鱼邮件等手段，实施有针对性的攻击。由于攻击链条长、数据繁杂，金融机构在还原攻击路径及进行威胁溯源时面临极大的技术挑战。

（3）金融诈骗威胁与网络钓鱼攻击

金融诈骗是另一大威胁，包括网络诈骗、假冒银行员工实施诈骗等方式。攻击者通过伪造银行网站、冒充客服人员、发送虚假信息，诱使用户泄露账户信息或进行非法转账。这些攻击手段不仅针对银行系统，还会直接侵害银行客户的利益，导致客户信任度下降，并给银行带来声誉风险。钓鱼邮件在金融行业中较为常见，攻击者通常通过伪装成可信来源的邮件，诱使银行员工点击恶意链接或下载附件。这类攻击不仅会导致数据泄露，还可能打开恶意软件的入口，进一步渗透银行系统。此外，跨语言的钓鱼邮件也使传统的安全检测手段难以覆盖所有的威胁场景。

（4）异常流量与未检测的网络攻击

网络流量异常是金融系统安全风险的另一大来源。攻击者常通过异常流量、权限绕过等手段，绕过传统安全防御，悄然入侵系统内部。由于这些流量攻击隐蔽性高、变化快，传统基于静态规则检测手段具有滞后性，往往难以有效识别。这使银行系统在面对新型、变异的攻击手段时防御能力不足，面临极大的潜在风险。

2. 360 安全大模型的银行应用场景

（1）银行高级威胁猎杀与网络行为深度分析

很多客户虽然已部署多种网络安全产品，但在当前国家网络攻防博弈的大背景下，伴随攻击工具攻击手法的不断升级，仍无法确保网络资产固若金汤。360 安全大模型针对安全产品产生的告警进行威胁猎杀。模仿安全专家的操作步骤从告警的信息中抽丝剥茧，收集证据、证据串联、还原等动作，拿到有说服力的强证据从而判定攻击更真实的情况。

利用专项训练的安全大模型对系统关键节点的网络流量数据作自动化的分析，从而识别异常或可疑的网络流量（包括不寻常的端口使用、不寻常的协议使用，甚至来自可疑 IP 地址的流量），借此自动化地识别出系统网络内可能存在的网络攻击行为和异常通信行为。

（2）银行系统安全自动化运营

利用专项训练的安全大模型，对系统内海量的安全日志数据进行实时分析，一方面利用安全大模型检测出可能存在漏洞利用行为或攻击行为，并实现自动化的溯源和结果定性；另一方面利用安全大模型的自动化分析能力，减小安全运营人员的工作负担，从而使他们可以将更多的时间和资源投入到更复杂的安全问题上。与此同时，还可利用安全大模型，引入 360 云端高位安全知识库并与系统内部知识相融合，形成系统自有安全知识库以扩大系统内部运营人员能力半径。

（3）网络钓鱼深度检测

利用系统大量的邮件数据对安全大模型进行训练，确保其能够分析邮件的内容和结构，从而识别可能的网络钓鱼攻击。例如，如果用户点击了可疑的链接或在回应网络钓鱼邮件时输入了个人信息，基于安全大模型的解决方案可以标记该活动并警告安全运营人员。安全大模型能够通过对恶意流量告警、恶意邮件的安全语料的训练，实现智能化地判别恶意流量告警、钓鱼邮件，并提供判定的依据。

（4）银行安全知识咨询

在日常安全运维过程中，无论是日常告警研判、政策了解、威胁情报查询等均需要从外部咨询相关的安全知识。360 将积累了近 20 年的攻防实战经验、知识和海量的情报数据融入 360 安全大模型。安全运营人员可随时通过 360 安全大模型获取安全漏洞知识库、恶意样本知识库、威胁情报库、攻防对抗知识库、APT 攻防对抗图谱等具有 360 特色的安全知识；同时还能积累如安全运营知识、HW 防护经验、重保经验、应急处置预案等安全行业经验。360 安全大模型除基于外部的知识外，还可以融合金融客户私有的知识，使安全运营人员能够得到只属于本企业的个性化建议和结论。

（五）结语

360 安全大模型凭借其创新的架构和强大的智能化能力，已经成为保障金融行业安全的重要力量。通过自主研发的类脑分区协同架构，360 安全大模型能够高效应对金融领域面临的复杂安全风险，包括网络攻击、钓鱼邮件、异常流量、金融诈骗及洗钱等多重威胁。其在攻击检测、威胁溯源、告警降噪、自动化运营等方面展现出了显著优势，极大提升了银行和金融机构的安全防护水平。展望未来，随着金融业务的数字化发展和网络威胁的日益复杂化，360 安全大模型将在金融领域中发挥更为关键的作用。通过进一步优化技术架构和扩展应用场景，360 将帮助金融机构持续提升防御能力，实现全面、智能化的安全保障，推动金融行业安全管理的智能化转型，为全球金融安全贡献更多力量。